増補改訂版
20cmのフェルトで作る
かわいい野菜とフルーツがいっぱい

前田智美

felt work
CONTENTS

やさい
VEGETABLES

トマト……………………………………… 4
プチトマト ………………………………… 4
きゅうり …………………………………… 5
さやえんどう ……………………………… 5
たまねぎ …………………………………… 6
じゃがいも ………………………………… 6
にんにく …………………………………… 6
にんじん …………………………………… 8
かぶ ………………………………………… 8
大根 ………………………………………… 8
長ねぎ ……………………………………… 10
ごぼう ……………………………………… 10
とうもろこし ……………………………… 12
キャベツ …………………………………… 12
かぼちゃ …………………………………… 13
しいたけ …………………………………… 14
さつまいも、カットさつまいも ………… 15
ピーマン …………………………………… 16
パプリカ、カットパプリカ ……………… 16
セロリ ……………………………………… 17
くり ………………………………………… 18
ブロッコリー、カリフラワー …………… 18
アボカド、カットアボカド ……………… 19

くだもの
FURUITS

りんご ……………………………………… 20
カットりんご、うさぎりんご …………… 21
レモン、カットレモン …………………… 22
キウイ、カットキウイ …………………… 23
みかん ……………………………………… 24
バナナ ……………………………………… 25
すいか ……………………………………… 26
パイナップル ……………………………… 27
カットマンゴー …………………………… 28
カットメロン ……………………………… 29
ぶどう ……………………………………… 30
柿 …………………………………………… 30
なし、カットなし ………………………… 31
洋なし、カット洋なし …………………… 31

おしょくじセット
MEAL SET

サンドイッチ …………………………… 32
（スライストマト、ハム、チーズ、目玉焼き、食パン
　薄切りきゅうり、レタス）

ハンバーガーセット …………………… 34
（バンズ、ハンバーグ、スライストマト、目玉焼き、
　レタス、チーズ、ピクルス）

お弁当 …………………………………… 36
（おにぎり、ウインナー、卵焼き、牛肉巻き、
　エビフライ、ぎょうざ）

おかし
SWEETS

ショートケーキ ………………………… 38
いちご …………………………………… 38
ホットケーキ …………………………… 39
ドーナツセット ………………………… 40
（ツイスタードーナツ、チュロス、まるふわリング、
　はちみつリング、オールドファッション）
アイスクリーム ………………………… 42
ワッフルコーン ………………………… 42

作品をつくりはじめる前に …………… 44
青りんごをつくってみましょう ……… 46
ワンポイントレッスン ………………… 48
HOW TO MAKE ……………………… 53

この本に関するご質問は、お電話またはWebで
書名／増補改訂版 かわいい野菜とフルーツがいっぱい
本のコード／NV70520
担当／浦崎
Tel.03-3383-0635（平日13時〜17時受付）
Webサイト「日本ヴォーグ社の本」https://www.tezukuritown.com/
サイト内「お問い合わせ」からお入りください（終日受付）。
（注）Webでのお問い合わせはパソコン専用となります。

★本書に掲載の作品を、複製して販売（店頭・ネット販売等）することは禁止されています。
　手づくりを楽しむためにのみご利用ください。

やさい VEGETABLE

まん丸や、細長いもの、でこぼこやごつごつ…
とってもかわいい形の野菜たちを作りましょう。
ヘタや模様、葉脈まで、じっくり観察してみてくださいね。

実の部分は4枚のパーツを
縫いつないで作ります。

トマト ● tomato
プチトマト ● petit tomato

HOW TO MAKE → P.54

ヘタにもぐるりとブランケットステッチを。

ベージュの刺しゅう糸
でとげを表現。

きゅうり ● cucumber
さやえんどう ● snow peas

HOW TO MAKE ➜ P.55

先をつまんで縫いしぼり、
ヘタを作ります。

濃い色と淡い色のフェルトを交互に10枚つなぎます。

たまねぎ ● onion
HOW TO MAKE ➜ P.56

綿を詰めたあとに、表と裏に糸を縫い止めでゴツゴツを表現します。

じゃがいも ● potato
HOW TO MAKE ➜ P.56

別々に仕立てた粒を5つ縫いまとめて作ります。

にんにく ● garlic
HOW TO MAKE ➜ P.57

にんじん ● carrot

HOW TO MAKE ➜ P.58

かぶ ● turnip

HOW TO MAKE ➜ P.59

ひげ根は、ミシン糸を長く切り残して。グンと表情が豊かになります。

ツンとした先の部分まで、ひとつづきのパーツで作ります。

大根 ● Japanese white radish

HOW TO MAKE ➜ P.60

葉の茎部分にビニタイを入れれば、自由に動かすことができます。

長ねぎ ● naganegi
HOW TO MAKE ➜ P.61

綿をしっかりと詰めて、張りを持たせて。根元には濃いベージュの糸を使って、土が残っている雰囲気を出しましょう。

ごぼう ● burdock
HOW TO MAKE ➜ P.61

最後に表面をところどころ縫いとめ、ごぼうのでごぼこ感を表現します。

とうもろこし ● corn
HOW TO MAKE ➔ P.62

キャベツ ● cabbage
HOW TO MAKE ➔ P.63

とうもろこしの粒は、長細く作った
パーツに糸を渡して表現します。

芯と葉脈をしっかりと仕立てて、
キャベツらしさを出します。

芯を中心にして、6個の実のパーツを
周囲に縫いつけて仕立てます。

かぼちゃ ● pumpkin

HOW TO MAKE → P.64

底の部分はパーツを対角線状に
縫いとめます。

しいたけ ● shiitake
HOW TO MAKE → P.57

ふんわりしたかさは、ぐし縫いをしたパーツを軸にかぶせて、ぎゅっと絞ります。

端にほんの少しクリーム色の
フェルトをつけることで、よ
りリアルな表情に。

カットバージョンは、切り口に厚紙を
使用してストンとした質感を出します。

さつまいも、カットさつまいも ● sweet potato

HOW TO MAKE → P.65

さつまいものコロンとした
かわいらしい形を表現して。

ピーマン green pepper
HOW TO MAKE → P.66

断面には厚紙とクリップを入れて。

パプリカ paprika
カットパプリカ cut paprika
HOW TO MAKE → P.66、67

茎にはテクノロートを入れます。

きれいなカーブの秘密は内側に入れた牛乳パック。

セロリ ● celery

HOW TO MAKE ➔ P.68

くり ● chestnut
HOW TO MAKE ➔ P.69

くりのパーツは3つだけ。
小さくてすぐに作れて、かわいい。

ブロッコリー ● broccoli
カリフラワー ● cauliflower
HOW TO MAKE ➔ P.69

ぐし縫いした糸をぎゅーっと
引きしぼって表現します。

丸い種でよりアボカドらしさを表現。

断面のきれいな色合い
をよく観察して。

アボカド ● avocado
カットアボカド ● cut avocado
HOW TO MAKE ➜ P.70

くだもの FRUITS

みずみずしく、色鮮やかな果物たち。
楽しい気分でチクチクと針を進めれば、
なんだか甘い香りがしてきそう！

実のパーツを全て縫いとじる前に軸を差し込みます。

りんご ● apple

HOW TO MAKE → P.71

カットりんご ● cut apple
うさぎりんご ● apple
HOW TO MAKE ➜ P.71

芯の部分をくぼませることで、より本物らしく。

定番のうさぎさんリンゴです。

ヘタに黄緑色をほんの少し使うのが
ポイント。

レモン ● lemon
カットレモン ● cut lemon

HOW TO MAKE ➔ P.72

断面は刺しゅう糸を渡して。

キウイ ● kiwi
カットキウイ ● cut kiwi
HOW TO MAKE → P.73

先端部分には小さな別パーツをつけてリアルに表現。　断面もていねいに表現します。

小さなヘタをちょこんとつけて。

みかん  mikan

HOW TO MAKE ➡ P.78

まん丸ではなく、ちょっぴり
平べったい方がみかんらしく
なります。

バナナの先はフェルトではなく刺しゅう糸で隙間なく埋めて。

根元にテープをつけて、取り外せる仕組みに。

バナナ  banana
HOW TO MAKE ➜ P.74

すいか ● watermelon

HOW TO MAKE ➡ P.75

皮は、しま模様にカットした
フェルトをはぎあわせて作ります。

種はレイジーデイジーステッチで。
向きをランダムに刺しましょう。

底のパーツもていねいに
縫い止めましょう。

パイナップル ● pineapple
HOW TO MAKE ➔ P.76

実の部分は一枚仕立てではなく、個々のパーツをバランスを見ながら縫い止めて仕立てます。

カットマンゴー ● cut mango

HOW TO MAKE ➔ P.77

皮にクリアファイルを入れることで、本物のように切り目を広げることができます。

カットメロン ● cut melon

HOW TO MAKE ➜ P.78

皮の模様はストレートステッチをランダムに。一面にバランス良く刺します。

ぶどう ● grape
HOW TO MAKE ➜ P.79

柿 ● persimmon
HOW TO MAKE ➜ P.79

ヘタで柿らしさを表現

なし、カットなし ● nashi
HOW TO MAKE ➜ P.80

洋なし、カット洋なし ● pear
HOW TO MAKE ➜ P.80

カーブが独特な洋梨の形

おしょくじセット MEAL SET

組み合わせが楽しいお食事セットです。
自由にはさんだり、詰めたり。今日はなにを食べようかな？

スライストマト、ハム、チーズ
トマトは、切り抜いた赤いフェルトの裏から、オレンジ色のフェルトをあてて。

目玉焼き、食パン
目玉焼きの白身の周りは、ベージュの糸を使ってほんのり焼けた雰囲気を。

薄切りきゅうり、レタス
レタスの葉脈はまっすぐではなく少し表情をつけて。

サンドイッチ ● sandwich

HOW TO MAKE ➜ P.81、82

ハンバーガーセット
● hamburger set

HOW TO MAKE ➔ P.83〜85

ジュース
ジュースはオレンジ、メロン、コーラが選べます。

フライドポテト
ポテトもケースも作れます

バンズ（上）
ドーム型になるように綿をつめて。刺しゅうでゴマをプラス。

バンズ（下）
切り口には厚紙を使ってまっすぐに。

ハンバーグ
ハンバーグには色鉛筆でおいしそうな焼き目をつけましょう。

スライストマト
種にベージュのフェルトを使うことで、よりみずみずしく。

目玉焼き
まんまるの目玉焼きは、厚みをもたせてより本物らしく。

レタス
みずみずしいレタスの葉脈もしっかり表現します。

チーズ
2枚の四角をはぎあわせるだけの簡単仕立てです。

ピクルス
外側を少し落ち着いた色にすることでピクルスっぽさが出ます。

お弁当 ● lunch box

HOW TO MAKE ➜ P.86、87

おにぎり
おにぎり本体のつぎめは、海苔で隠しましょう。

ウインナー
斜めに入れた切り込みには
ブランケットステッチ入れて。

卵焼き
周りのブランケットステッチは、
濃いめのベージュを使って焼き色を表現。

牛肉巻き
具材のいんげんとにんじんも
ていねいに仕立てましょう。

エビフライ
片側をちょっぴり並縫いして縫い縮め、
エビらしい丸みをつけて。

ぎょうざ
二つ折りにしてぎょうざのひだを縫いとめてから、
周囲をブランケットst.。

おかし SWEETS

みんな大好き、あまいあまーいおかしたち。
ぜひおいしそうな色のフェルトを選んで、
作ってみてくださいね。

飾りの生クリームは、細かいぐし縫いで
一本ずつ筋をつけて。

ショートケーキ ● shortcake
HOW TO MAKE ➜ P.88

いちご ● strawberry
HOW TO MAKE ➜ P.88

かわいいいちごは、
つぶつぶもていねいに。

ホットケーキ ● hotcake

HOW TO MAKE ➔ P.88

まあるいホットケーキは、
一番上に乗せるケーキにだけ
バターをプラス。

ドーナツセット ● donut set

HOW TO MAKE ➜ P.89〜93

ドーナツボックス

箱は牛乳パックを利用して作ります。ドーナツがぴったりとおさまるサイズ。

箱の反対側はドーナツ模様

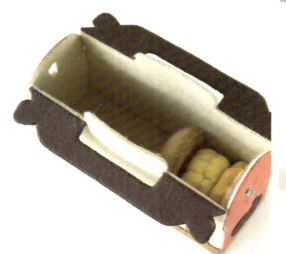
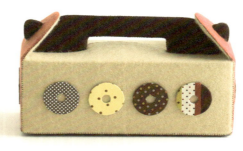

ツイスタードーナツ
プレーンとチョコがけ、2つのタイプが作れます。

チュロス
しっかりと筋を出すために、中にテクノロートを入れて。

まるふわリング
形がかわいいまるふわリングは、綿をきっちりと詰めて。

はちみつリング
ふんわりと焼けたはちみつリングには、色鉛筆で焼き目をつけます。

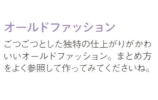

オールドファッション
ごつごつとした独特の仕上がりがかわいいオールドファッション。まとめ方をよく参照して作ってみてくださいね。

アイスクリーム ● ice cream
HOW TO MAKE ➡ P.94

ワッフルコーン ● waffle corn
HOW TO MAKE ➡ P.95

アイスとワッフルの中にはマグネットを入れて、落ちないようにします。

アイスは7枚のパーツをつなげてまん丸に。

ワッフルはマス目が正方形になるように縫いとめるのがポイント。

作品をつくりはじめる前に

基本の道具と材料

はさみ
小さなパーツが多いので、よく切れる小さな手芸用のはさみが便利。

針
手縫い針とマチ針を用意しましょう。

目打ち
印つけや、穴あけに使用します。

マグネット・接着剤
強力マグネット(左)は、材料として使用しています。木工用ボンドは、厚紙とフェルトの接着などに、万能ボンドは異素材との接着に使用しています。

セロハンテープ
型紙をフェルトに固定する時などに使用しています。

ピンセット
細かい部分に綿を詰める時に便利です。

フェルト
20cm角の一般的なフェルト。好みの色味を使用してください。

糸
ミシン糸は60番を使用。パーツを縫い合わせる時に使用します。刺しゅう糸は25番。ステッチに使用します。

綿
一般的な手芸用の化繊綿です。

テクノロート
プラスチック製の形状保持材で、針金のように自在に折り曲げられます。この本では厚み1.4×幅2mmのものを使用しています。

ビニタイ
ラッピングや園芸に使われる結束ひも。野菜の軸などに使用します。

厚紙
A厚紙…厚さ0.7mm程度の工作用の厚紙
B牛乳パック
Cボール紙…菓子類の外箱程度の厚さのもの

型紙の写し方、パーツの切り方

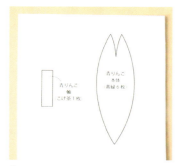

1 型紙をコピーします。

2 型紙をカットして、セロハンテープでフェルトに貼りつけます。

3 型紙に沿ってフェルトをカットします。

ステッチの刺し方

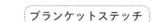

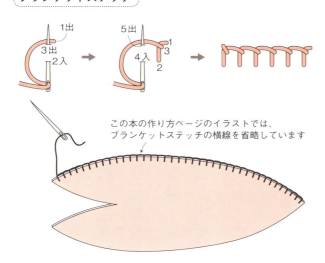

この本の作り方ページのイラストでは、ブランケットステッチの横線を省略しています

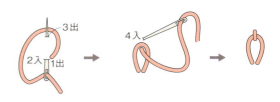

途中で糸が足りなくなったら

1 糸が短くなったら、まず奥のフェルトから針を入れ、裏側で玉どめをし、糸を切ります。

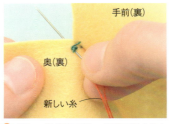

2 新しい糸を針に通し、最後に針を入れた針穴から奥に針を出します。

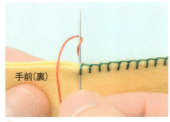

3 糸を手前にして、もう一度1度最初と同じ位置に針を出し、針に糸をかけてステッチを続けます。

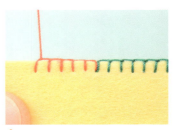

4 糸を替えたところは一針分重なります。

45

青りんごをつくってみましょう ※ここではわかりやすいように糸の色と太さを変えています。

準備

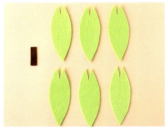

1 P.71を参照し、本体6枚、軸1枚をカットします。

本体を縫い合わせる

2 ミシン糸1本の糸端を玉結びして、本体の手前から奥に針を入れます。ミシン糸の玉結びはきつめにしましょう。

3 玉結びをはさんで、手前にもう1枚本体を重ね、**2**と同じ位置から針を出します。

4 糸を引いて引き締めます。

5 2mmほど左に針を刺し、針先に糸をかけます。

6 針を抜いて糸を引き締めます。

7 **5**と**6**をくり返して、パーツの端まで縫います。

8 端まで縫えたら、奥から本体の3枚めを重ねます。

9 2枚めと3枚めの端を縫い合わせます。

10 **9**の位置からほんの少しずらして針を入れ、針先に糸をかけます。

11 針を抜いて、糸を引き締めます。ここは糸が二重になります。

12 端まで縫えたら、2枚めの裏側に針を出します。

13 きつめに玉どめをして、糸を切ります。

14 本体が3枚つながりました。

15 奥から4枚めを重ね、同様の手順で6枚めまで縫ってきます。

16 最後は6枚めと1枚めを重ねます。

底を縫う

17 まず1枚目と6枚目を2針縫います。ここを先に縫っておくことで、底をきれいに閉じることができます。

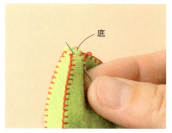

18 針を底の方に戻します。

19 フェルトの端を対角線状に数針すくって、☆になるよう糸を渡します。

20 糸を引いて、底をとじます。

21 針を17で縫った2針めに戻し、そのまま端まで縫います。

22 本体が6枚がつながりました。

軸を作る

23 ビニタイの両端のビニール部分をカットし、二つ折りにしたフェルトの中に入れてブランケットステッチで縫い包みます。

上部を閉じる

24 本体の切り込みを縫い合わせながら、中に手芸綿を詰めます。

25 最後の切り込みを縫った糸で、上部をとじていきます。

26 底と同様に、フェルトの端を対角線状に数針すくって、☆の字に糸を渡します。

27 中心に軸を差し込んで糸を引き、軸に針を通しながら数回縫って固定させます。

形を整える

28 上部の中心から底の中心に針を出します。

29 糸を引いて、上部がくぼむように調節します。

30 底にもくぼみができるよう、親指で押しながら糸を引いて、しっかり玉どめします。

31 少し離れたところから針を出し、糸をカットして、できあがり。

完成！

ワンポイントレッスン

じゃがいものくぼみ　PHOTO ➡ P.6

1　くぼみをつけたいところに、きつく玉結びをした糸を通して糸を引きます。

2　反対側からも糸を引いて、根元を親指で押さえながらしっかり玉どめします。

3　玉どめのすぐ上で糸をカットします。

4　全体のバランスを見ながら、強弱をつけてくぼみを作っていきましょう。

とうもろこしの実　PHOTO ➡ P.12

5　実のパーツを半分に折ってブランケットステッチで縫いとじながら、少しずつ手芸綿を詰めていきます。

6　根元の部分は平らになるように縫います。

7　表面に糸を渡して下側で一針縫い、粒のラインを糸で表現していきます。

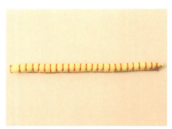
8　実の粒の目が揃うように同じものを11本作ります。

カットリンゴの種　PHOTO ➡ P.21

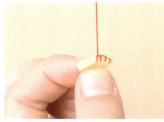
1　くぼみのパーツを2枚ブランケットステッチで縫い合わせます。

2　側面のパーツは中央に穴をあけておきます。

3　側面の穴にくぼみのパーツを合わせて、ブランケットステッチで一周縫い合わせます。

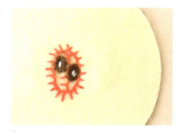
4　くぼみのパーツの後ろから種を縫いつけます。

レタスの葉脈　PHOTO ➡ P.32、34

1　フェルトを半分に折って、葉脈の部分を指でつまみながら1針ずつぐし縫いしてきます。

2　縫い終わりは折り山に向かって縫い、裏側で玉どめをします。

3　葉脈にする部分をそのつど折り直して、ぐし縫いをします。

4　ランダムな曲線になるように、縫ったラインをよく見ながら針を進めましょう。

カットマンゴーの実　PHOTO ➡ P.28

1 実の「内側・外側面と底」の切れ目部分を縫い合わせます。

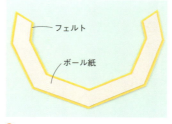
2 実の「内側・上面と断面」の裏側に、2mm小さくカットしたボール紙を貼ります。

3 1と2を外表に合わせて、まず★を縫います。

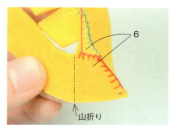
4 つぎに6同士を縫い合わせて、型紙の折り方を参照して表から山折りにします。

5 次の5の手前まで縫い合わせたら、裏側から谷折りにします。

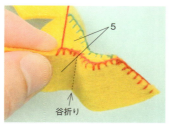
6 5同士を縫い合わせます。

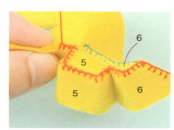
7 「同じ番号同士を縫い合わせて、折る」をくり返します。

8 ボール紙は上面側になります。それぞれの実に綿を詰めながら、「内側・内側面」を縫い合わせたら、実の内側部分のパーツ1列(1つ)のできあがり。

アイスクリームのワッフル地　PHCTO ➡ P.42

1 本体を縦半分に折って、マチ針でとめます。

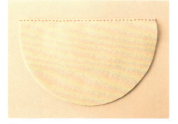
2 端から端まで細かくぐし縫いをします。

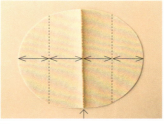
3 縫った線を基準にして左右に分け、右側の1/2、そのまた1/2と折りながら縫っていきます。左側も同様に縫います。

4 片側7本ずつ縫い、全部で15本にします。

5 今度は横半分に折って、マチ針でとめます。

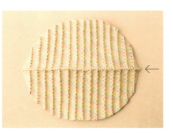
6 端から端までぐし縫いします。たての縫い線部分はつまんで針をくぐらせます。

7 6の線を基準にして、マス目が正方形になるように調整しながら順番に折って縫っていきます。

8 全部で9本になるように縫います。

カットパプリカの作り方
PHOTO → P.16

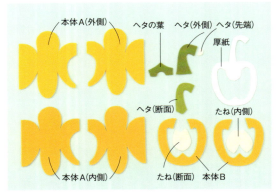

1 フェルトと厚紙を切って、各パーツを準備します。

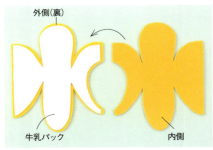

2 本体A(外側)の上に、2mm小さくカットした牛乳パックを接着剤で貼り、(内側)をその上に重ねて周囲を縫い合わせます。

3 合印同士を外表に縫いかがります。

4 本体Aの片側ができたところ。同じものをもうひとつ作ります。

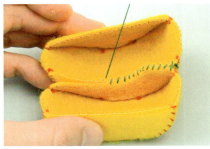

5 本体Aを二つ合わせて、内側をかがります。

6 断面の外側と内側の合印同士をそれぞれ縫い合わせます。

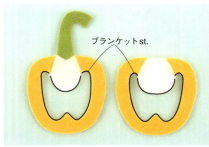

7 縫い糸をフェルトの色に合わせ、さらに2枚の内側を縫い合わせます。

8 クリップが内側にくるようにヘタの向きに注意して、厚紙にセロハンテープで貼ります。その厚紙に7を着せるようにかぶせ、周囲を縫い合わせたねに綿を入れます。

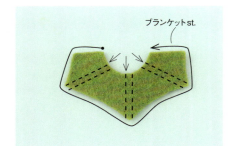

9 ヘタの葉は、葉脈を3か所ぐし縫いしたあとに周囲を縫い、外側のヘタの根元に縫い合わせます。

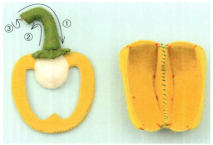

10 ヘタ(外側)とヘタ(断面)の外側を縫い合わせ(①)、次に内側を縫い合わせます(②)。ヘタに綿を詰めながら、ヘタ(先端)を縫い合わせます(③)。断面と本体Aができたところ。

11 たねのふくらみが内側になるように本体Aと合わせて縫いかがります。ヘタの葉を数か所本体に止めつけます。

カップジュースのフタ
PHOTO ➡ P.34

フタの側面

1 厚紙のフタ側面上端のカーブに沿って、テクノロートをセロハンテープでしっかりと貼りつけ、両面に接着剤を塗ってフェルトの中央に貼りつけます。

2 カーブに沿って貼り付け、接着剤が乾くまで洗濯ばさみでとめておきます。

ストローの入れ口

3 フェルトをめくって、片側ずつ厚紙に沿いながら厚紙より2mm大きくカットします。

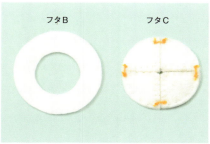
4 わの部分をのぞいてコの字に縫い合わせたあと、縫い始めと縫い終わりを突き合わせて、テクノロートが内側になるように輪にして縫います。

5 ストローの入れ口のパーツ（フタC）4枚を縫い止めます（ここではわかりやすいようにサイズと糸の色と太さを変えています）。

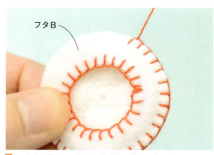
6 フタBにフタCを重ねて縫います。

7 もう1枚のフタBの内側にブランケットステッチをしてから、6に重ねて周囲を縫い合わせます。

8 厚紙を型紙にしてフェルトを2枚カットします。フェルトで厚紙をはさんで接着剤で貼り合わせ、内側と外側を縫い合わせたフタAに7を重ねて、裏からフタBの内側に針を出します。

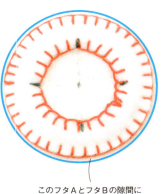

このフタAとフタBの隙間に接着剤を塗る

9 フタAとフタBを4か所縫い止めます。楊枝などの先に接着剤を少量つけ、隙間に塗って貼り付けます。フタAの周囲に接着剤を塗って、4の側面にはめ込みます。

オールドファッションのまとめ方
PHOTO → P.40

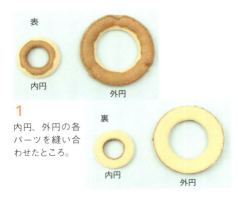

1 内円、外円の各パーツを縫い合わせたところ。

2 外円の側面から針を入れ、上面に出します。

3 すぐ横に針を入れて、フェルトをすくって針を出し、凸凹感が出るように糸を引きます。

4 ジグザグに針を運びながら一周し、縫い終わりは側面で玉どめをします。

5 外円に内円をはめ込み、縫いかがって本体を作ります。

6 内側面は、輪になるように縫い合わせ(a)、さらに下面と縫い合わせます(b)。

7 厚紙にフェルトを貼って、台座を作ります。5の裏面に接着剤を塗って台座のフェルト面と貼り合わせます。

8 6の上に7を乗せて、内側面の上側(c)を内円にかがります。

9 下から下面、台座、本体になります。下面と台座の間は少し隙間のあいた状態でOKです。

10 下面の周囲にぐし縫いをして、本体に沿うように糸を引いて絞ります。

11 裏に返して全体に綿を詰めます。

12 もう一度表に返して、下面と本体を縫いかがります。

13 縫いかがりながら側面にも綿を詰めて仕上げます。ぐし縫いの糸を取り除きます。

HOW TO MAKE

・図中に特に指定のない場合、単位は cm です。
・st.= ステッチを意味しています。
・この本で使用している縫い方、ステッチの刺し方は
　P.45 を参照してください。

トマト PHOTO→P.4 型紙→A面

材料(1個分)
・フェルト…赤15×10cm
　　　　　…緑5×5cm
・ミシン糸…赤・カーキ色
・手芸綿

プチトマト PHOTO→P.4 型紙→A面

材料(1個分)
・フェルト…赤5×5cm
　　　　　…緑2×3cm
・ミシン糸…赤・カーキ色
・手芸綿

【トマト】

1 本体を作る

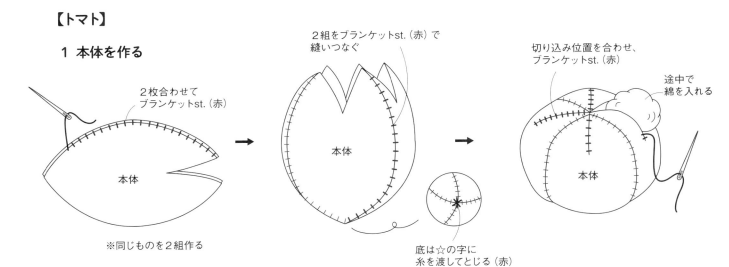

2 ヘタ・軸を作る

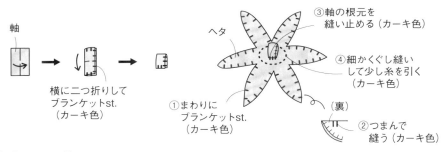

3 本体にヘタ・軸を縫い止める

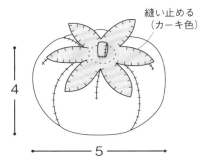

【プチトマト】

1 本体を作る

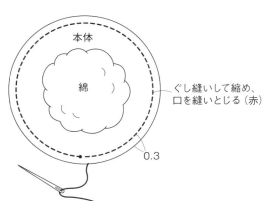

2 ヘタ・軸を作る

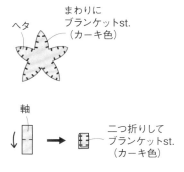

3 本体にヘタ・軸を縫い止める

きゅうり　PHOTO➡P.5　型紙➡A面

材料(1本分)
・フェルト…緑(または深緑)10×6cm
・ミシン糸…カーキ色(または深緑)
・25番刺しゅう糸…ベージュ
・手芸綿

さやえんどう　PHOTO➡P.5　型紙➡A面

材料(1個分)
・フェルト…緑5×3cm
　　　　　…黄緑2×1.5cm
・ミシン糸…カーキ色

【きゅうり】

1　側面を2枚縫い合わせる

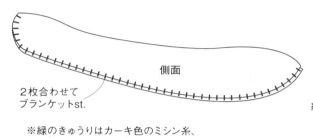

2　側面と上面を縫い合わせ、綿を入れる

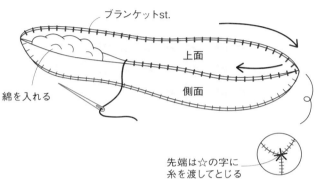

3　まとめ

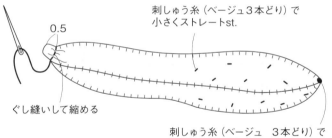

【さやえんどう】

1　さやに豆を縫い止める

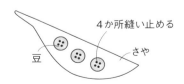

※左右対称にもう1枚作る

2　さやを2枚縫い合わせる

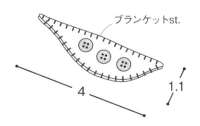

たまねぎ PHOTO ➡ P.6 型紙 ➡ A面

材料（1個分）
- フェルト…からし色の濃淡各10×10cm
- ミシン糸…濃いベージュ
- 手芸綿

じゃがいも PHOTO ➡ P.6 型紙 ➡ A面

材料（1個分）
- フェルト…ベージュ 8×16cm
- ミシン糸…ベージュ
- 25番しゅう糸…ベージュ
- 手芸綿

【たまねぎ】

1 濃淡のフェルトを縫い合わせる

2 5組を縫いつなぐ

3 底と先端を縫い縮める

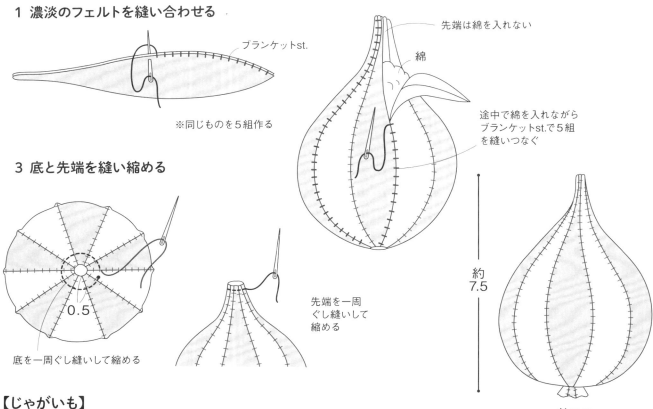

【じゃがいも】

1 2枚を縫い合わせる

2 くぼみをつける

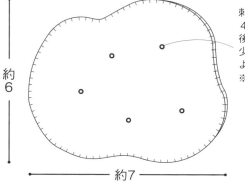

にんにく　PHOTO→P.6　型紙→A面

材料(1個分)
・フェルト…オフホワイト11×17cm
・ミシン糸…オフホワイト・ベージュ
・手芸綿

しいたけ　PHOTO→P.14　型紙→A面

材料(1個分)
・フェルト…オフホワイト4×10cm
　　　　　…茶色6×6cm
・ミシン糸…オフホワイト・茶色
・手芸綿

【にんにく】

1 本体を作る

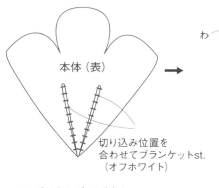

途中で綿を入れながらブランケットst.(オフホワイト)
下側
本体(表)
上側
※同じものを5個作る

切り込み位置を合わせてブランケットst.(オフホワイト)
わ
二つ折りしてブランケットst.(オフホワイト)

2 本体を縫い合わせる

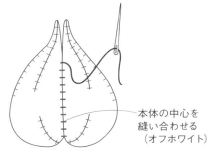

本体の中心を縫い合わせる(オフホワイト)
※2個パーツと3個パーツを作る

3 先端と底を縫う

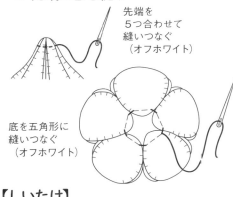

先端を5つ合わせて縫いつなぐ(オフホワイト)
底を五角形に縫いつなぐ(オフホワイト)

4 底をつける

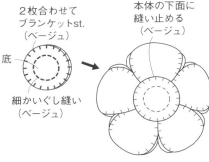

2枚合わせてブランケットst.(ベージュ)
底
細かいぐし縫い(ベージュ)
本体の下面に縫い止める(ベージュ)

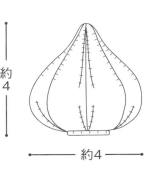

約4 × 約4

【しいたけ】

1 かさの内側を作る

綿
かさの内側
2枚合わせ、綿を入れながらブランケットst.(オフホワイト)

2 軸を作る

綿
軸
2枚合わせ、綿を入れながらブランケットst.(オフホワイト)

3 かさを作る

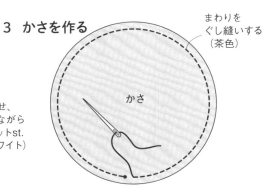

まわりをぐし縫いする(茶色)
かさ

4 まとめ

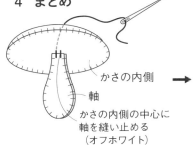

かさの内側
軸
かさの内側の中心に軸を縫い止める(オフホワイト)

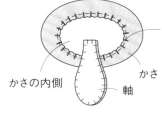

かさの内側
軸
かさの内側にかさをかぶせて糸を引いて縮めブランケットst.(茶色)

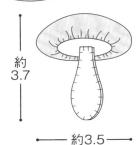

約3.7 × 約3.5

にんじん PHOTO → P.8 型紙 → A面

材料(1個分)
- フェルト…濃いオレンジ色8×5cm …黄緑8×10cm
- ミシン糸…茶色・カーキ色
- ビニタイ…3本
- 手芸綿

1 葉を作る

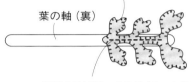

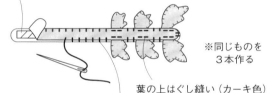

※同じものを3本作る

2 葉の根元を作る

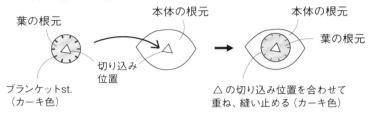

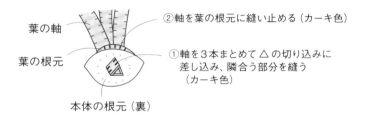

3 本体を作る

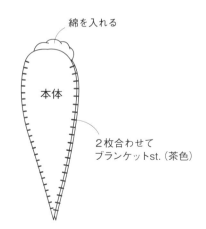

4 本体に葉をつける

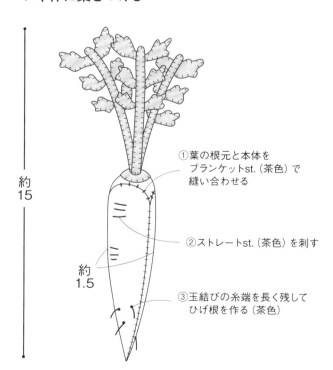

かぶ　PHOTO → P.8　型紙 → A面

材料(1個分)
- フェルト…オフホワイト 7×15cm
　　　　 …黄緑 18×4cm
　　　　 …緑 11×15cm
- ミシン糸…オフホワイト・カーキ色・濃いベージュ
- ビニタイ…3本
- 手芸綿

1 葉を作る

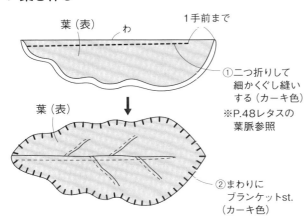
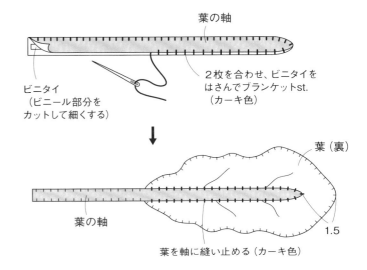

2 葉の根元を作る

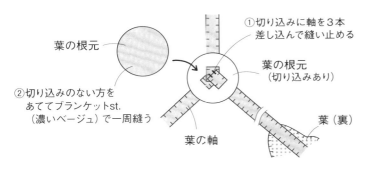

3 本体を作る

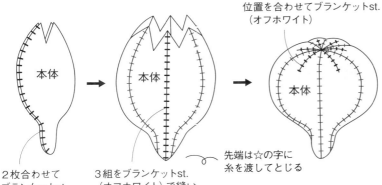

4 本体に葉をつける

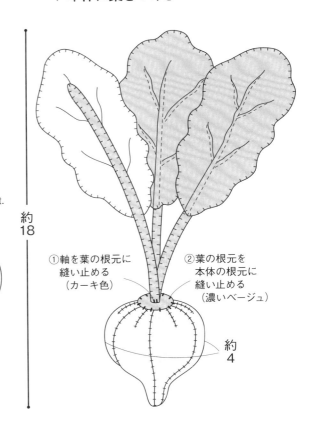

大根　PHOTO→P.8　型紙→A面

材料(1本分)
- フェルト…オフホワイト 13×9cm
　　　　…黄緑 11×3cm
　　　　…緑 7×10cm
- ミシン糸…オフホワイト・カーキ色・濃いベージュ
- ビニタイ…3本
- 手芸綿

1 葉を作る

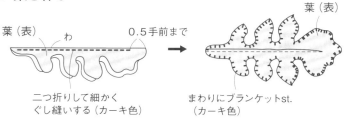

2 葉の根元を作る

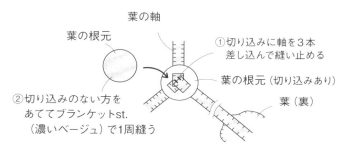

3 本体を作る

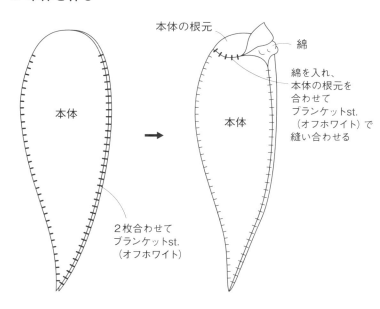

4 本体に葉をつける

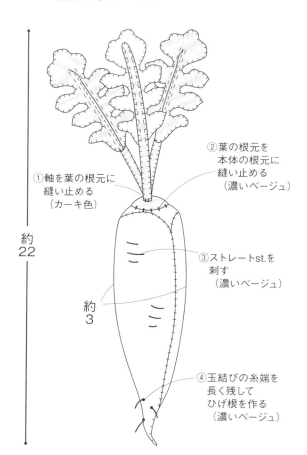

長ねぎ　PHOTO ➜ P.10　型紙 ➜ A面

材料(1本分)
・フェルト…オフホワイト12.5×3cm
　　　　　…緑9×5cm
・ミシン糸…オフホワイト・濃いベージュ・カーキ色
・手芸綿

ごぼう　PHOTO ➜ P.10　型紙 ➜ A面

材料(1本分)
・フェルト…茶色20×3.5cm
・ミシン糸…茶色・こげ茶
・手芸綿

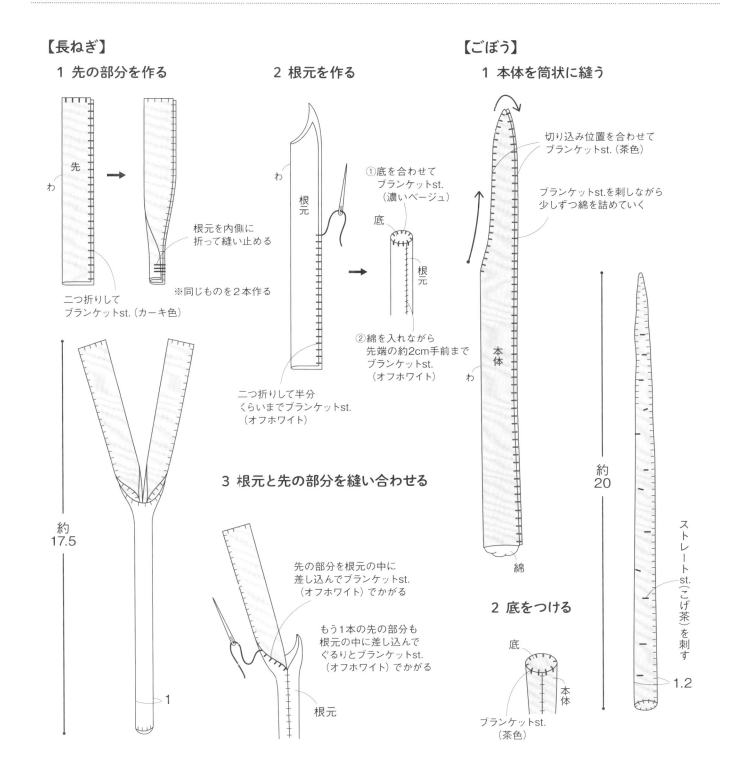

とうもろこし PHOTO→P.12 型紙→A面

材料(1本分)
- フェルト…ベージュ 13×10cm
  …黄 12×17cm
  …黄緑 13×17cm
- ミシン糸…ベージュ・カーキ色・黄
- 手芸綿

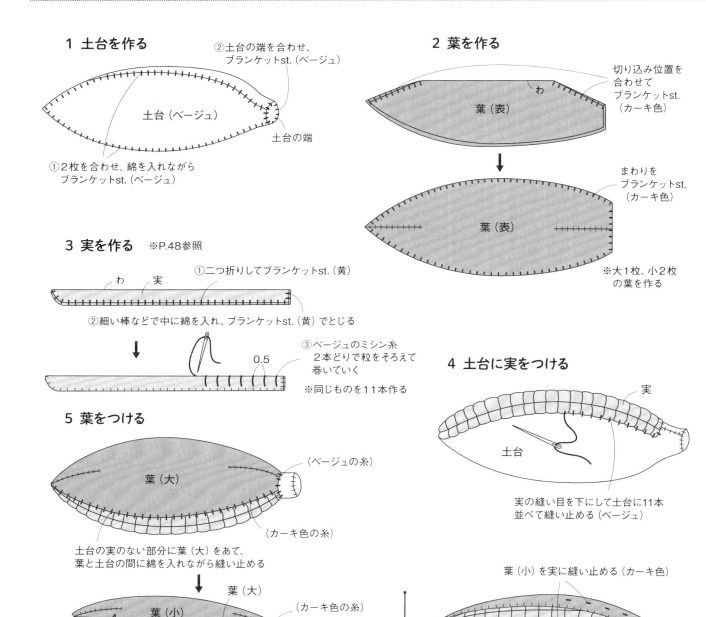

キャベツ　PHOTO→P.12　型紙→A面

材料（1個分）
・フェルト…黄緑20cm角×5枚
　　　　　…オフホワイト10×10cm
・ミシン糸…濃いベージュ
・手芸綿

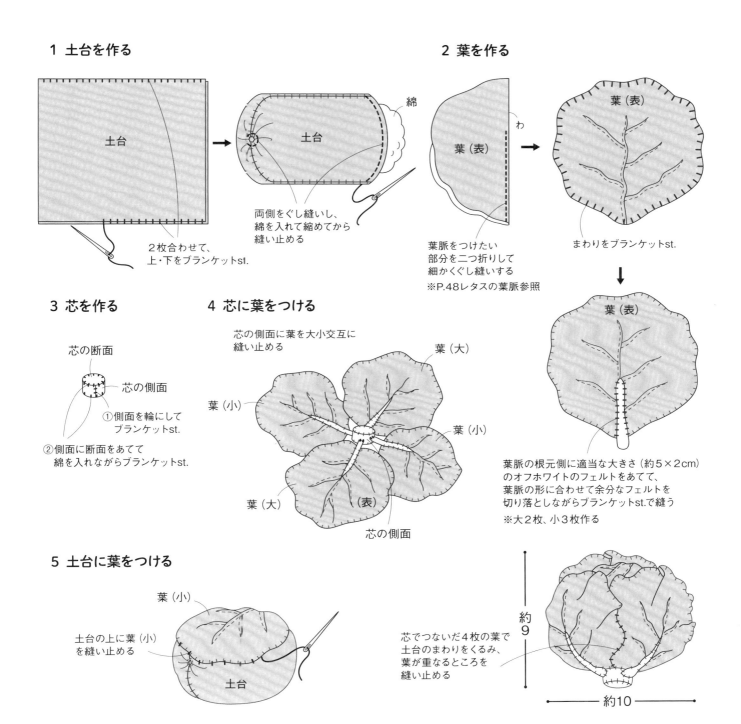

かぼちゃ PHOTO → P.13 型紙 → A面

材料(1個分)
・フェルト…本体/オレンジ色(または深緑)20cm角×2枚
　　　　…ヘタ/黄緑(または茶色)5×5cm
・ミシン糸…オレンジ色・カーキ色(または深緑・茶色)
・手芸綿

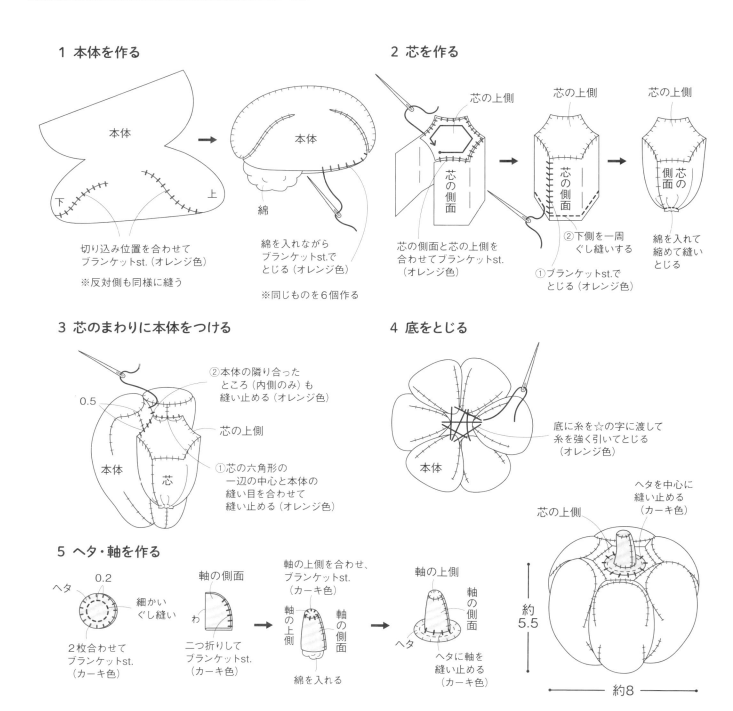

さつまいも　PHOTO→P.15　型紙→A面

材料(1個分)
・フェルト…えんじ13×13cm　・手芸綿
　　　　　…クリーム色1×2cm
・ミシン糸…えんじ
・25番刺しゅう糸…こげ茶

【カットさつまいも】材料(1組分)
・フェルト…えんじ13×14cm　・厚紙3.5×7cm
　　　　　…クリーム色5×8cm　・手芸綿
・ミシン糸…えんじ　・接着剤
・25番刺しゅう糸…こげ茶

1 本体を縫い合わせる

2 先端をつける

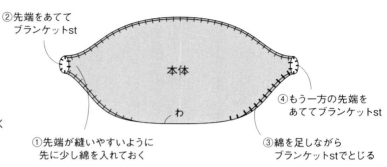

①先端が縫いやすいように先に少し綿を入れておく
②先端をあててブランケットst
③綿を足しながらブランケットstでとじる
④もう一方の先端をあててブランケットst

3 くぼみをつける

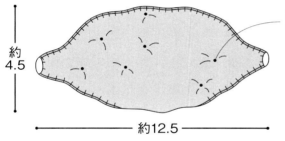

約4.5　約12.5

刺しゅう糸(こげ茶　4本どり)で玉結びを作り、後ろ側に針を出して少し引いて、くぼませるように玉どめする
※P.48じゃがいものくぼみ参照

【カットさつまいも】

1 本体を縫い合わせ、先端をつける

2 切り口をつける

3 くぼみをつける

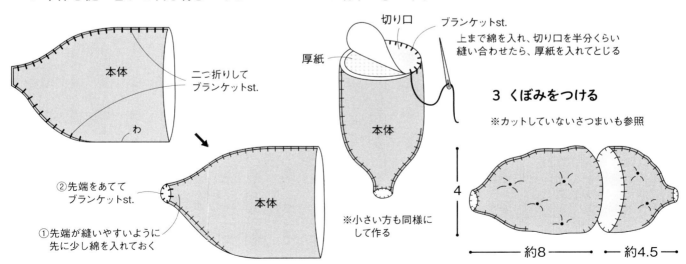

①先端が縫いやすいように先に少し綿を入れておく
②先端をあててブランケットst
二つ折りしてブランケットst.

切り口　厚紙　ブランケットst.
上まで綿を入れ、切り口を半分くらい縫い合わせたら、厚紙を入れてとじる
※小さい方も同様にして作る

※カットしていないさつまいも参照

約8　約4.5

ピーマン　PHOTO→P.16　型紙→A面

材料(1個分)
- フェルト…緑(または赤・黄・オレンジ色)各14×14cm
  …緑(ヘタ・軸用/共通)2×3cm
- ミシン糸…カーキ色(または赤・黄・オレンジ色)
- 手芸綿

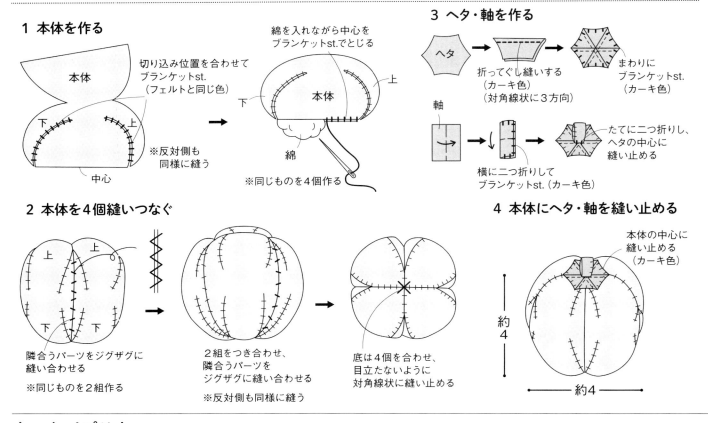

カットパプリカ　PHOTO→P.16　型紙→B面

【赤】材料(1個分)
- フェルト…赤9×16cm
  …濃いオレンジ色16×16cm
  …緑5×5cm
  …黄緑5×4cm
  …オフホワイト4×8cm
- ミシン糸…赤・カーキ色・オフホワイト

【黄】材料(1個分)
- フェルト…タンポポ色9×16cm
  …からし色16×16cm
  …緑5×5cm
  …黄緑5×4cm
  …オフホワイト4×8cm
- ミシン糸…黄・からし色・カーキ色・オフホワイト

【オレンジ色】材料(1個)
- フェルト…オレンジ色9×16cm
  …朱色16×16cm
  …緑5×5cm
  …黄緑5×4cm
  …オフホワイト4×8cm
- ミシン糸…オレンジ色・濃いオレンジ色・カーキ色・オフホワイト

【共通】
- 牛乳パック…7×18cm
- 厚紙…6×10cm
- ゼムクリップ…3個
- 手芸綿
- 接着剤

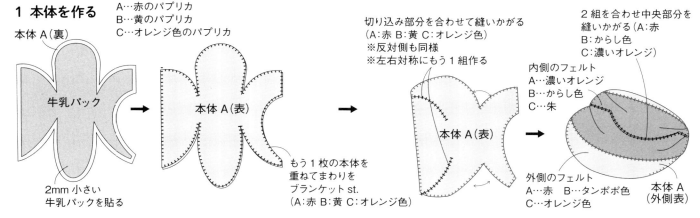

パプリカ PHOTO→P.16 型紙→B面

【赤】材料(1個分)
・フェルト…赤20×20cm
　　　　…緑5×10cm
　　　　…オフホワイト2×2cm
・ミシン糸…赤、カーキ色

【黄】材料(1個分)
・フェルト…タンポポ色20×20cm
　　　　…緑5×10cm
　　　　…オフホワイト2×2cm
・ミシン糸…黄、カーキ色

【オレンジ】材料(1個分)
・フェルト…オレンジ色20×20cm
　　　　…緑5×10cm
　　　　…オフホワイト2×2cm
・ミシン糸…オレンジ色、カーキ色

【共通】(1個分)
・テクノロート6cm
・手芸綿

1 本体を作る

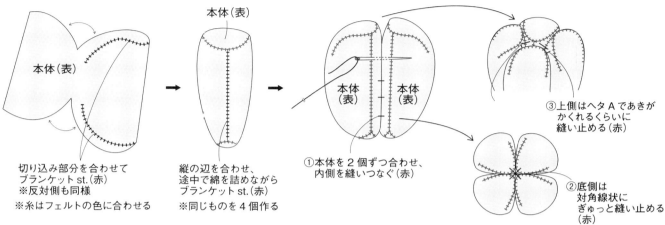

2 ヘタを作る

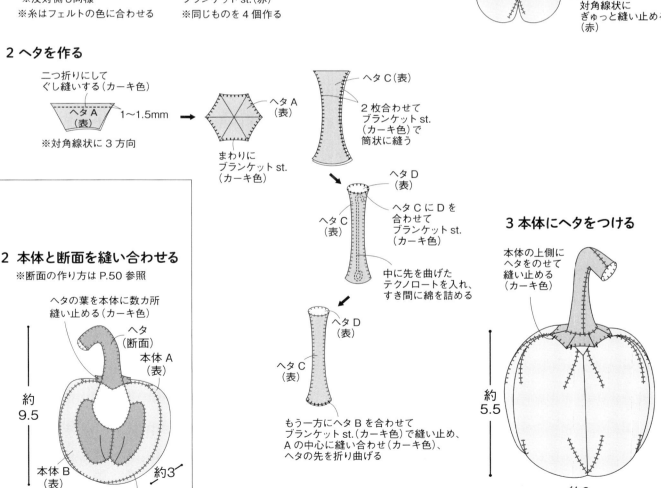

セロリ PHOTO→P.17 型紙→A面

材料(1個分)
- フェルト…緑8×20cm
  …黄緑8×16cm
  …オフホワイト10×15cm
- ミシン糸…明るい黄緑・カーキ色・オフホワイト
- 牛乳パック…9×7cm
- テクノロート…10cm
- 手芸綿
- 接着剤

1 本体Aを作る
2 本体Bを作る

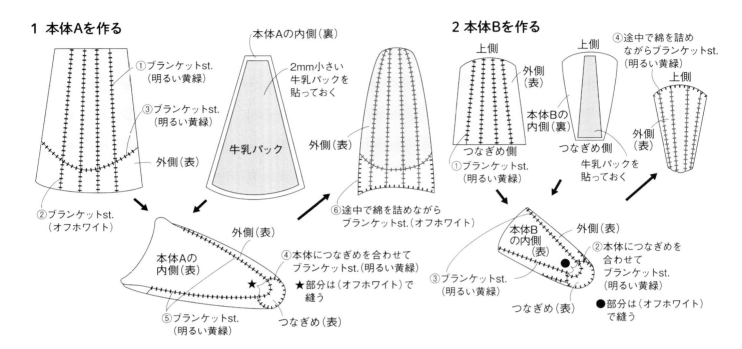

3 葉を作る

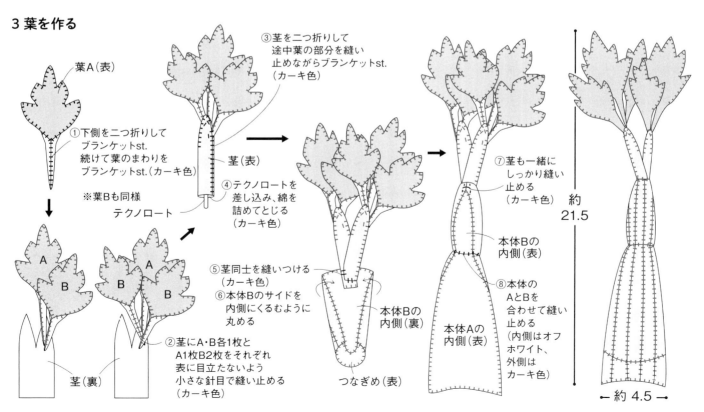

くり　PHOTO → P.18　型紙 → B面

材料（1個分）
フェルト…あか茶 4×8cm
　　　　…うす茶 3×4cm
ミシン糸…あか茶
手芸綿

ブロッコリー　PHOTO → P.18　型紙 → B面

材料（1個分）
・フェルト…濃い緑 12×15cm
　　　　　…緑 6×9cm
・ミシン糸…濃い緑・カーキ色
・厚紙…2×2cm
・手芸綿
・接着剤

カリフラワー　PHOTO → P.18　型紙 → B面

材料（1個分）
・フェルト…オフホワイト 12×15cm
　　　　　…白 6×9cm
・ミシン糸…オフホワイト
・厚紙…2×2cm
・手芸綿
・接着剤

【くり】
1 本体を作る

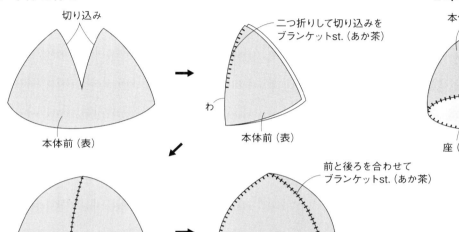

2 本体と座を縫い合わせる

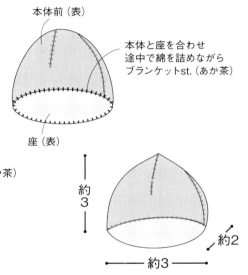

【ブロッコリー】【カリフラワー】 ※カリフラワーはすべてオフホワイトで縫う

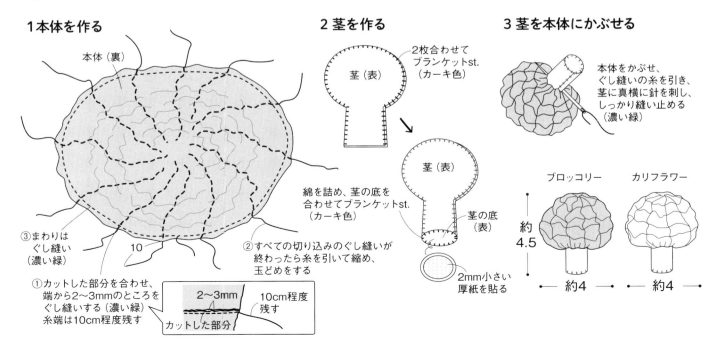

アボカド　PHOTO→P.19　型紙→B面

材料(1個分)
・フェルト…濃い緑10×18cm
　　　　　…うす茶2×2cm
・ミシン糸…濃い緑・うす茶
・手芸綿

【カットアボカド】材料(1組分)
・フェルト…濃い緑10×9cm
　　　　　…明るい黄緑8×5cm
　　　　　…薄い黄7×11cm
　　　　　…あか茶3×6cm
　　　　　…うす茶2×1cm

・ミシン糸…濃い緑・明るい黄緑・黄・あか茶・うす茶
・厚紙…5×8cm
・牛乳パック…3×3cm
・手芸綿
・接着剤

【アボカド】

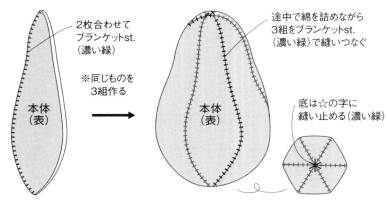

【カットアボカド】

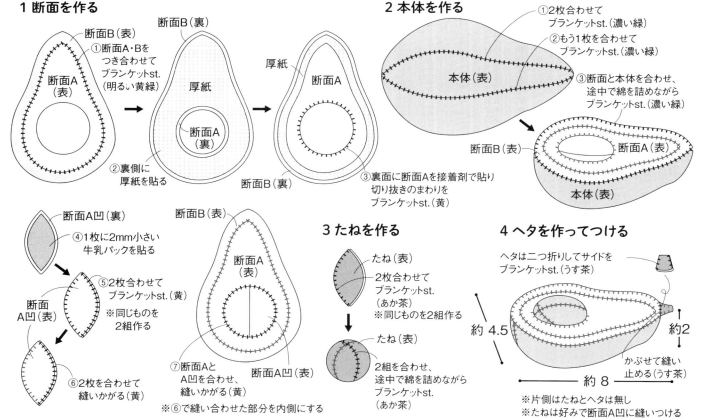

りんご　PHOTO→P.20　型紙→A面

材料(1個分)
・フェルト…赤(または明るい黄緑)9×18cm
　　　　…こげ茶3×1cm
　　　　…緑3×1.5cm
・ミシン糸…赤(または明るい黄緑)・こげ茶・カーキ色
・ビニタイ…1本
・手芸綿

【カットリンゴ】材料(1組分)
・フェルト…赤9×18cm
　　　　…クリーム色5×13cm
　　　　…こげ茶3×3cm
・ミシン糸…赤・こげ茶・黄
・厚紙…5×10cm
・ビニタイ…1本
・手芸綿

【うさぎリンゴ】材料(1個分)
・フェルト…赤5×3cm
　　　　…クリーム色8×10cm
・ミシン糸…赤・黄
・厚紙…5×5cm
・手芸綿

【りんご】※P.46参照

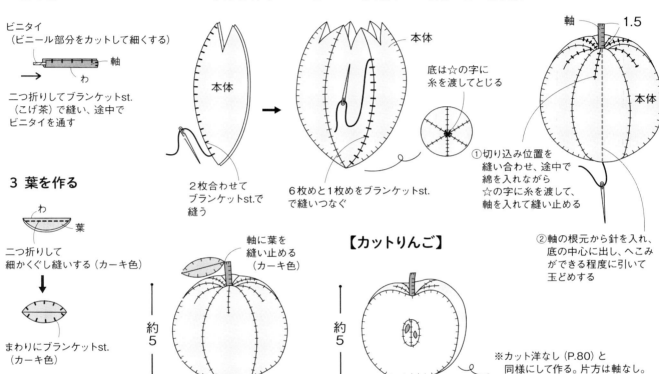

【うさぎりんご】

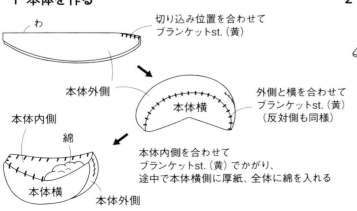

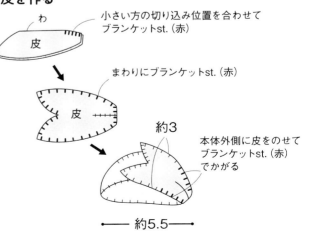

レモン　PHOTO→P.22　型紙→A面

材料（1個分）
・フェルト…黄8×16cm
　　　　　…黄緑1.5×1.5cm
・ミシン糸…黄・カーキ色
・手芸綿

【カットレモン】材料（1組分）
・フェルト…黄8×20cm
　　　　　…黄緑1.5×1.5cm
　　　　　…オフホワイト4×8cm
・ミシン糸…黄・カーキ色

・25番刺しゅう糸…白
・厚紙…4×8cm
・手芸綿

【レモン】

1 本体を作る

2 ヘタを作る

3 本体にヘタをつける

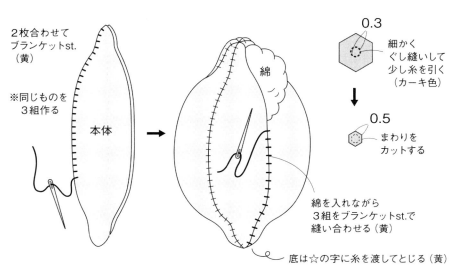

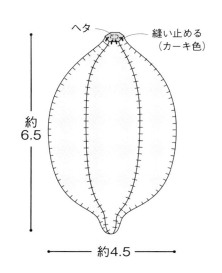

【カットレモン】

1 断面を作る

2 本体と断面を縫い合わせる

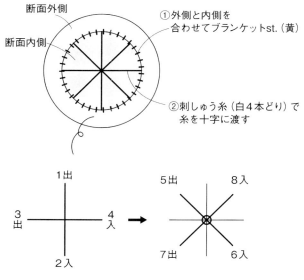

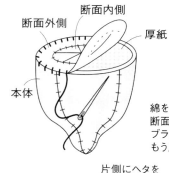

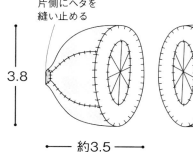

キウイ PHOTO→P.23 型紙→A面

材料(1個分)
・フェルト…茶色7×15cm
・ミシン糸…茶色
・手芸綿

【カットキウイ】材料(1組分)
・フェルト…茶色7×15cm
　　　　　…オフホワイト1.5×3cm
　　　　　…黄緑(または黄)4×8cm
・ミシン糸…茶色・オフホワイト

・25番刺しゅう糸…黒
・厚紙…4×8cm
・手芸綿

【キウイ】

1 本体を作る

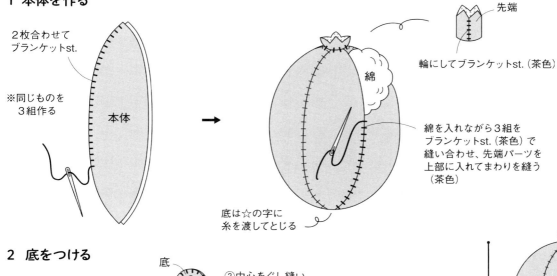

2 底をつける

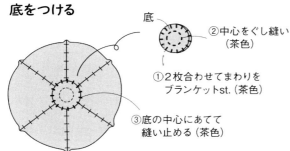

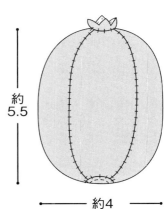

【カットキウイ】

1 断面を作る　　2 本体と断面を縫い合わせる
※本体はカットしていないキウイと同様にして半分ずつ作る

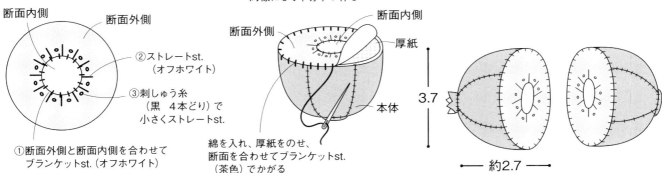

バナナ　PHOTO→P.25　型紙→A面

材料(3本分)
・フェルト…山吹色20×16cm
・ミシン糸…黄
・25番刺しゅう糸…こげ茶
・面ファスナー…黄0.6×1.2cm
・手芸綿

【皮がむけるバナナ】材料(1本分)
・フェルト…山吹色11×10cm
　　　　　…クリーム色11×20cm
・ミシン糸…黄
・25番刺しゅう糸…こげ茶
・手芸綿

【房のバナナ】

1 上面、側面、下面を縫い合わせる

2 先端を刺しゅうする

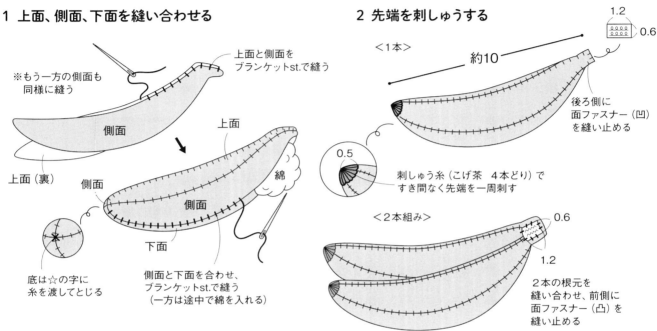

【皮がむけるバナナ】

1 中身を作る
2 皮を作る
3 まとめ

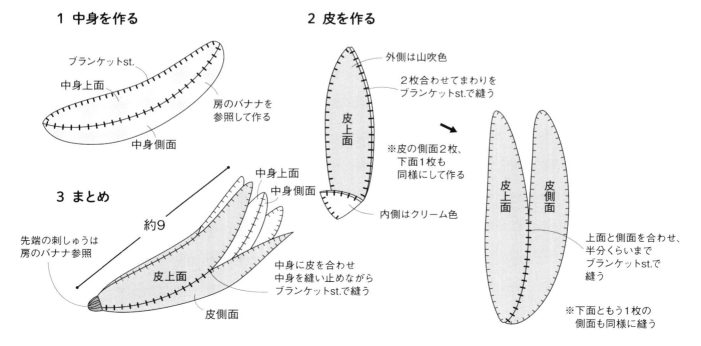

すいか　PHOTO→P.26　型紙→A面

材料(1切れ分)
- フェルト…ワインレッド 13×18cm
  - …深緑 16×11cm
  - …レモンイエロー 10×15cm
  - …黒 13×4cm
- ミシン糸…黒・えんじ・黄・深緑
- 25番刺しゅう糸…黒
- 厚紙…20×11cm
- 接着剤
- 手芸綿

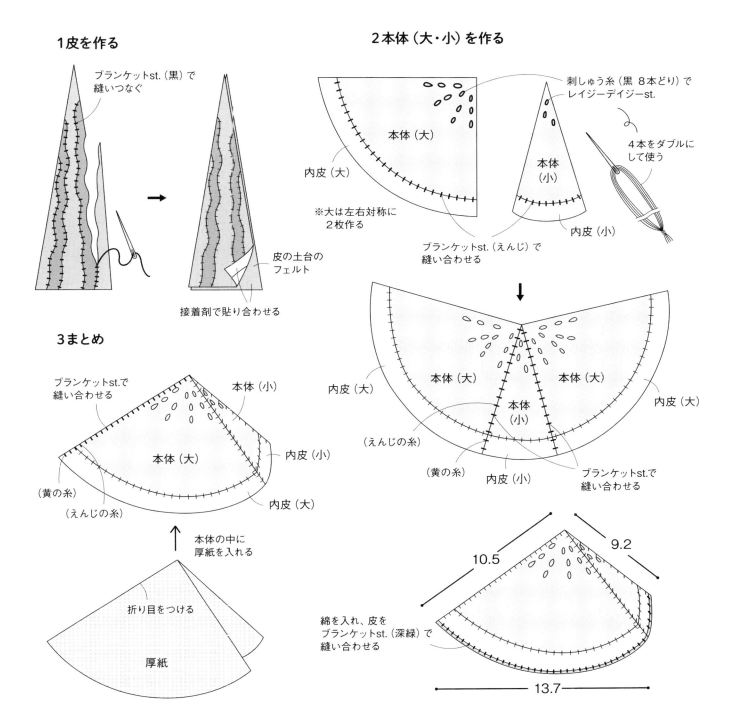

パイナップル PHOTO → P.27 型紙 → B面

材料(1個分)
- フェルト…からし色20cm角×3枚
  …緑20cm角×3枚
  …茶色20cm角×1枚
  …うす茶8×6cm
  …濃いベージュ3×5cm
- ミシン糸…茶色・うす茶・カーキ色
- 手芸綿

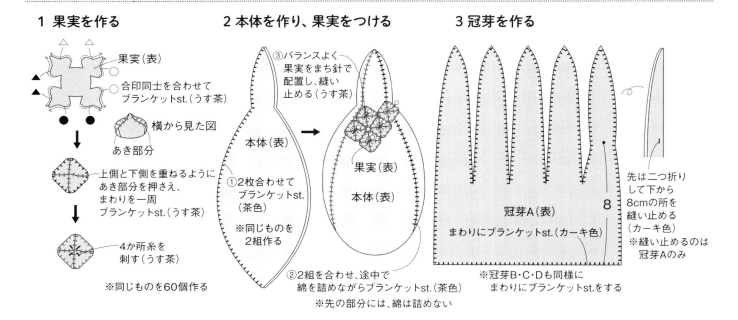

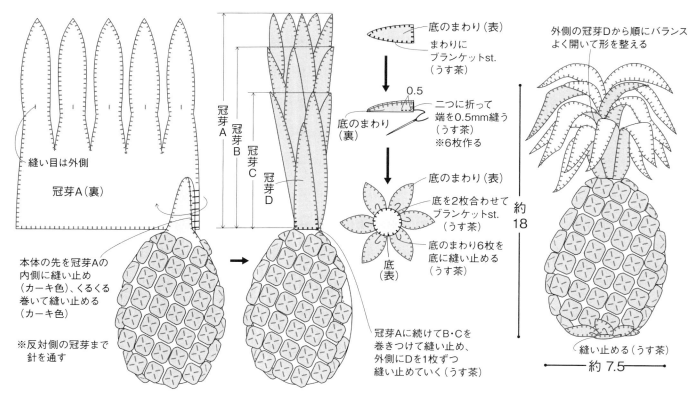

カットマンゴー PHOTO→P.28 型紙→B面

材料（1個分）
- フェルト…黄20cm角×2枚
  …濃いオレンジ色18×11cm
- ミシン糸…濃いオレンジ色・黄
- ボール紙（お菓子の外箱程度の厚さ）…20×15cm
- クリアファイル…10×8cm
- 手芸綿
- 万能接着剤

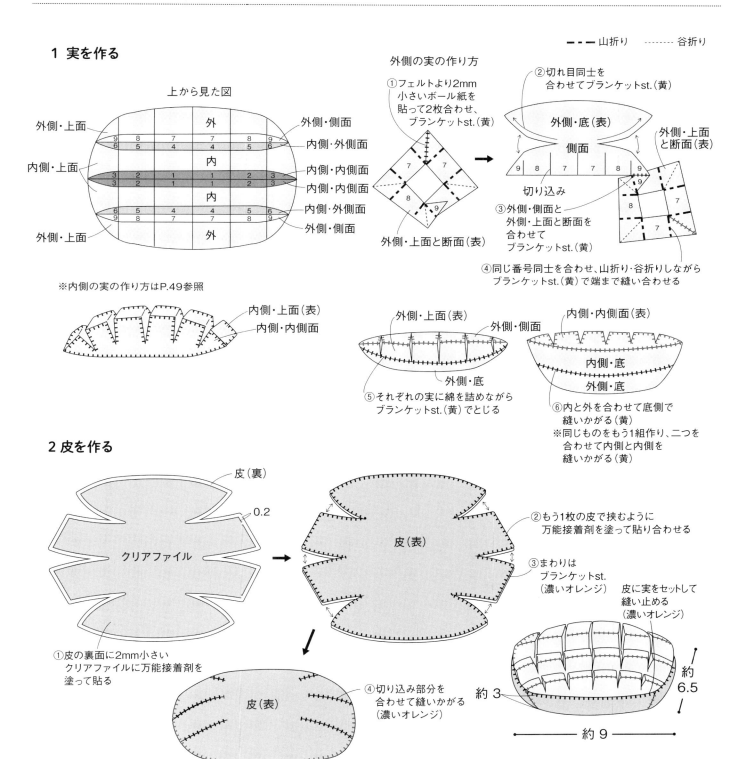

カットメロン　PHOTO→P.29　型紙→B面

材料(1個分)
・フェルト…メロン色13×10cm
　　　　…濃い緑4×15cm
　　　　…黄緑5×16cm
・ミシン糸…メロン色・濃い緑・明るい黄緑
・25番刺しゅう糸…オフホワイト
・厚紙…15×15cm
・手芸綿
・接着剤

みかん　PHOTO→P.24　型紙→A面

材料(1個分)
・フェルト…オレンジ色6×18cm
　　　　…黄緑1.5×1.5cm
・ミシン糸…オレンジ色・カーキ色
・手芸綿

【カットメロン】

1 本体を作る

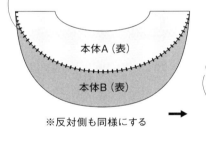

2 皮を作る

3 本体に皮をつける

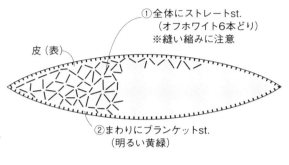

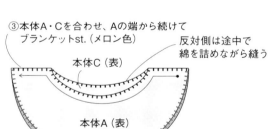

【みかん】

1 本体を作る

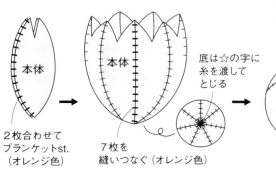

2 ヘタを作る

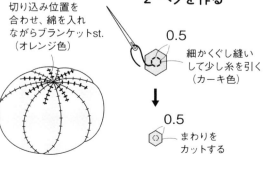

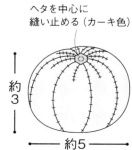

ぶどう　PHOTO→P.30　型紙→A面

材料（1個分）
・フェルト…明るい黄緑（または紫）20cm角×1枚と5×20cm
　　　　　…茶色（または黄緑）3×10cm
・ミシン糸…明るい黄緑・茶色（または紫・カーキ色）
・ビニタイ…3本
・手芸綿

柿　PHOTO→P.30　型紙→A面

材料（1個分）
・フェルト…オレンジ色7×17cm
　　　　　…緑3×3cm
　　　　　…茶色1.5×1cm
　　　　　…濃いベージュ1×1cm
・ミシン糸…オレンジ色・カーキ色・茶色
・手芸綿

【ぶどう】

1 茎を作る

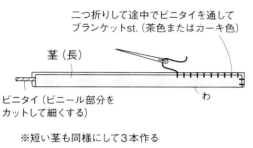

2 実を作る

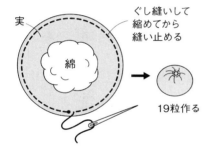

3 茎に実を縫い止める

4 まとめる

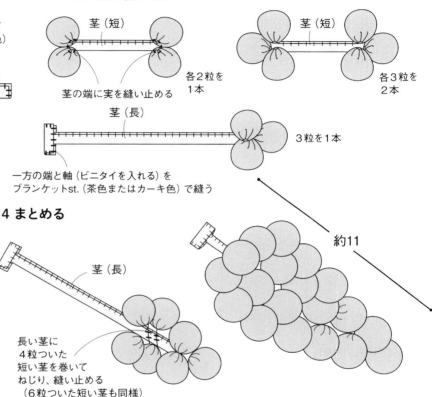

【柿】

1 本体を作る

2 軸・ヘタを作る

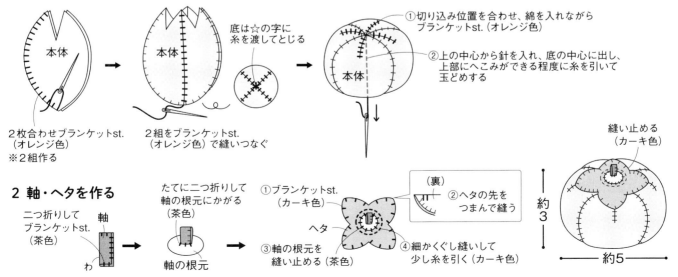

なし PHOTO→P.31 型紙→A面

材料（1個分）
- フェルト…黄土色9×18cm
  …こげ茶3×1cm
- ミシン糸…ベージュ・こげ茶
- ビニタイ…1本
- 手芸綿

【カットなし】材料（1組分）
- フェルト…黄土色9×18cm
  …オフホワイト5×13cm
  …こげ茶3×3cm
- ミシン糸…ベージュ・こげ茶・オフホワイト
- 厚紙…5×10cm
- ビニタイ…1本
- 手芸綿

洋なし PHOTO→P.31 型紙→A面

材料（1個分）
- フェルト…黄緑10×15cm
  …こげ茶3×1cm
- ミシン糸…カーキ色・こげ茶
- ビニタイ…1本
- 手芸綿

【カット洋なし】材料（1組分）
- フェルト…黄緑10×15cm
  …オフホワイト7×10cm
  …こげ茶3×2cm
- ミシン糸…カーキ色・こげ茶・オフホワイト
- 厚紙…7×10cm
- ビニタイ…1本
- 手芸綿

【カット洋なし】

1 軸を作る
カットしていない洋なし参照

2 断面を作る ※P.48参照

3 本体を作る

4 まとめ

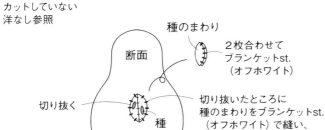
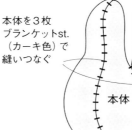
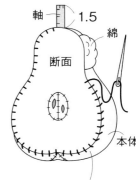

断面と本体を合わせてブランケットst.（カーキ色）で縫い合わせ、途中で断面側に厚紙、全体に綿を入れ、上に軸を差し込んで縫い止める

【なし】
※P.71のりんご参照

【カットなし】
※カット洋なし参照

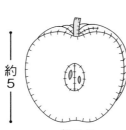
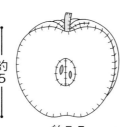

※片方は軸なし

【洋なし】

1 軸を作る

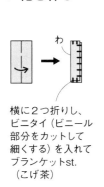

横に2つ折りし、ビニタイ（ビニール部分をカットして細くする）を入れてブランケットst.（こげ茶）

2 本体を作る

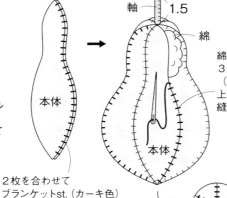

2枚を合わせてブランケットst.（カーキ色）
※3組作る

綿を入れながら3組をブランケットst.（カーキ色）で縫い合わせ、上に軸を差し込んで縫い止める

底は☆の字に糸を渡してとじる（カーキ色）

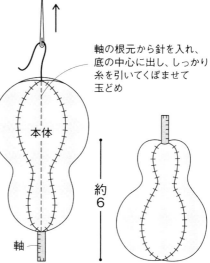

軸の根元から針を入れ、底の中心に出し、しっかり糸を引いてくぼませて玉どめ

サンドイッチ PHOTO ➔ P.32　型紙 ➔ A面

【目玉焼き】　材料(1個分)
・フェルト…オフホワイト7.5×15cm
　…黄3×6cm
・ミシン糸…ベージュ・黄
・手芸綿

【食パン】　材料(1個分)
・フェルト…オフホワイト10×16cm
　…ベージュ3×14cm
・ミシン糸…ベージュ
・手芸綿

【ハム】
・フェルト…淡サーモンピンク7×14cm
・ミシン糸…ベージュ

【チーズ】　材料(1枚分)
・フェルト…クリーム色6×12cm
・ミシン糸…黄

【ハンバーガーのチーズ】
型紙 ➔ B面材料(1枚分)
・フェルト…クリーム色7×14cm
・ミシン糸…黄

【目玉焼き】

1　黄身を作り、白身につける

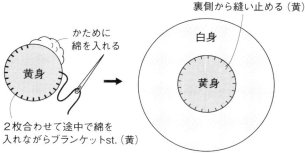

2　白身を縫い合わせる

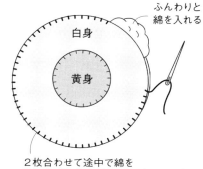

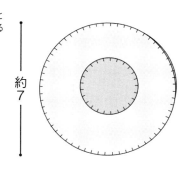

【ハム】

【食パン】

1　断面と耳を縫い合わせる

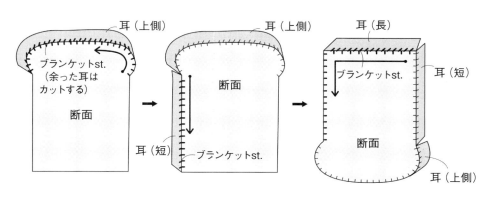

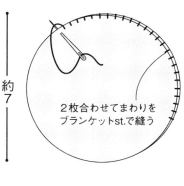

2　もう1枚の断面を縫い合わせる

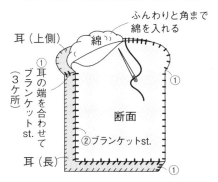

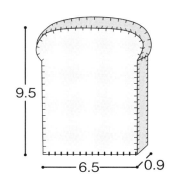

【チーズ】

【薄切りきゅうり】
材料(1枚分)
・フェルト…レモンイエロー 4×4cm
　　　　　…深緑 4×3cm
・ミシン糸…緑
・25番刺しゅう糸…白
・手芸綿

【スライストマト】　材料(1切れ分)
・フェルト…赤 6.5×17cm
　　　　　…濃いオレンジ色 4.5×9cm
・ミシン糸…赤
・厚紙…4.5×9cm
・手芸綿

【レタス】　材料(1枚分)
・フェルト…明るい黄緑 11×10cm
・ミシン糸…明るい黄緑

【ハンバーガーのレタス】
型紙→B面
材料(1枚分)
・フェルト…明るい黄緑 9×11cm
・ミシン糸…明るい黄緑

【薄切りきゅうり】

1　断面を作る

2　断面と皮を縫い合わせる

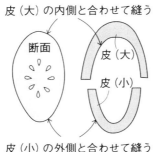

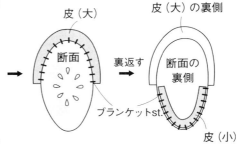

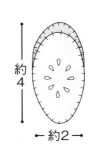

3　もう1枚の断面を縫い合わせる

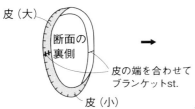

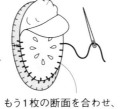

【レタス】

1　葉脈をつける　※P.48参照

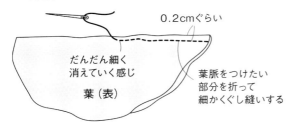

2　まわりを縫う

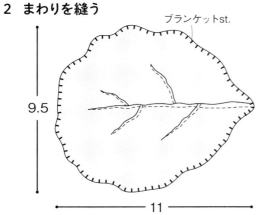

【スライストマト】

1　断面を作る

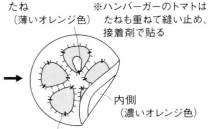

2　断面と側面を縫い合わせる

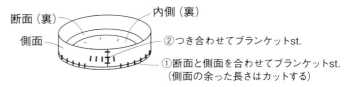

3　もう1枚の断面を縫い合わせる

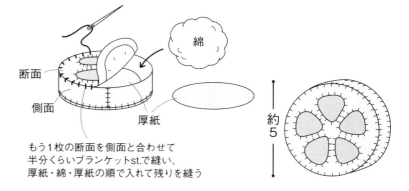

ハンバーガー PHOTO→P.34 型紙→B面

【バンズ】 材料(1組分)
・フェルト…あか茶20cm角×2枚
　　　　　…オフホワイト16×8cm
・ミシン糸…あか茶
・25番刺しゅう糸…オフホワイト
・厚紙…22×8cm
・手芸綿
・接着剤

【ハンバーグ】 材料(1個分)
・フェルト…茶色20cm角×1枚
・ミシン糸…茶色
・色鉛筆(黒)
・手芸綿

【スライストマト】 材料(1切れ分)
・フェルト…赤19×8cm
　　　…濃いオレンジ色6×12cm
　　　…薄いオレンジ色2×10cm
・ミシン糸…赤
・厚紙…6×12cm
・手芸綿
・接着剤

【ピクルス】 材料(1個分)
・フェルト…薄い黄3×6cm
　　　…黄緑4×12cm
・ミシン糸…薄いカーキ色

【目玉焼き】 材料(1個分)
・フェルト…黄4×7cm
　　　…オフホワイト18×18cm
・ミシン糸…黄・オフホワイト
・厚紙…7×7cm
・手芸綿

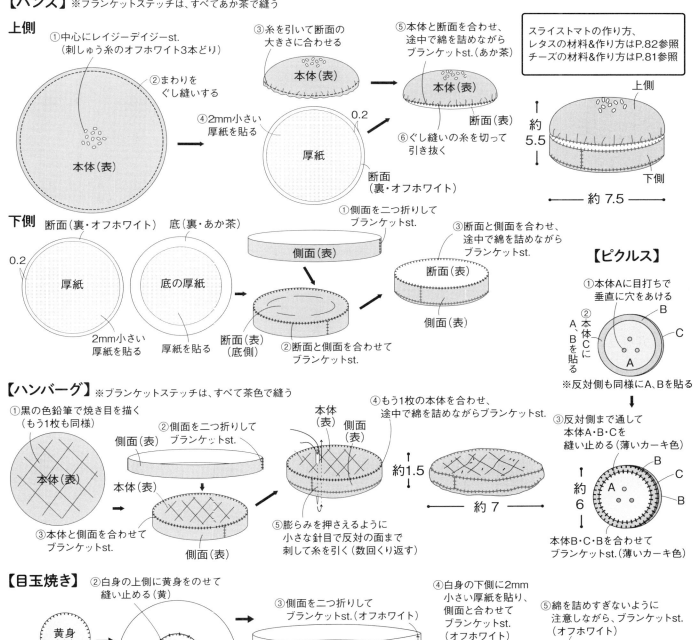

フライドポテト　PHOTO→P.34　型紙→B面

【ポテトケース】材料(1個分)
・フェルト…赤20cm角×1枚
・ミシン糸…赤
・厚紙…20×20cm
・ストライプ生地…22×22cm
・0.4cm幅のリボン…21cm
・接着剤

【カットポテト】材料(9本分)
・フェルト…クリーム色20cm角×1枚と11×20cm
・ミシン糸…黄
・厚紙…21×9cm
・手芸綿
・接着剤

【ポテトケース】※ブランケットステッチは、すべて赤で縫う

1 本体の前・後ろを作る

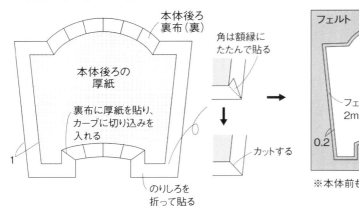
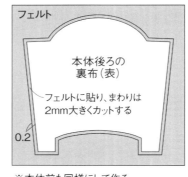

2 底を作る

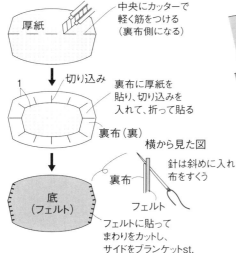

3 本体に底を作る

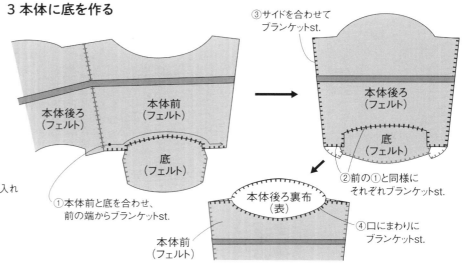

【カットポテト】※ブランケットステッチは、すべて黄で縫う

※9本作って箱にセットする

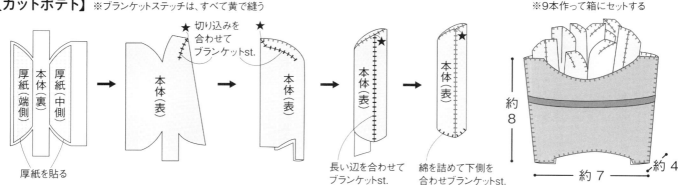

カップジュース PHOTO→P.34　型紙→B面

材料(1個分)
- フェルト…オレンジ色16×10cm
- …薄いオレンジ色16×10cm
- …白20cm角×3枚
- …中身/ひすい色・あか茶・オレンジ色各7×7cm
- ミシン糸…オレンジ色・オフホワイト
- 厚紙…25×20cm
- 段ボール5.5×30cm
- テクノロート…24cm
- クリアファイル…3×3cm
- 直径0.6cmのストロー…1本
- 楊子
- 接着剤

お弁当　PHOTO→P.36　型紙→A面

【おにぎり】材料(1個分)
・フェルト…オフホワイト7×15cm
　…黒2.5×7.5cm
・ミシン糸…オフホワイト・黒
・手芸綿

【ウインナー】材料(1個分)
・フェルト…濃いオレンジ色5×5cm
　…淡サーモンピンク3.5×1.5cm
・ミシン糸…茶色
・接着剤
・手芸綿

【卵焼き】材料(1個分)
・フェルト…クリーム色6×20cm
・ミシン糸…ベージュ

【おにぎり】

1　本体と側面を縫い合わせる

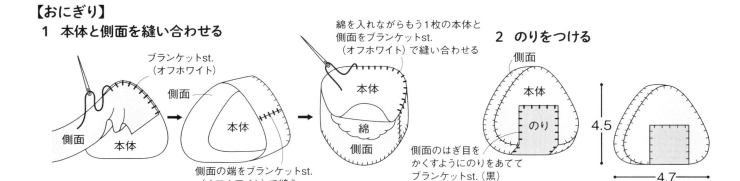

2　のりをつける

【ウインナー】

1　本体に模様を作る

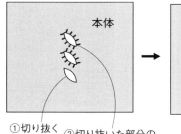

2　筒状に縫う

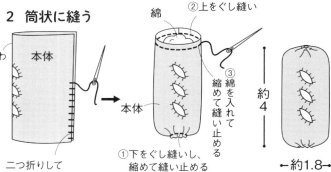

【卵焼き】

1　2枚を縫い合わせる

2枚合わせてまわりをブランケットst.

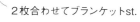

2枚合わせてブランケットst.

2　芯を中心にして巻いていく

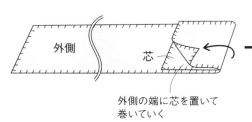

外側の端に芯を置いて巻いていく

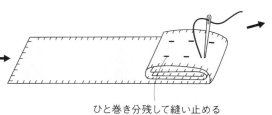

ひと巻き分残して縫い止める

巻き終わりをまつる

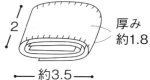

【エビフライ】 材料(1本分)
・フェルト…黄土色7×6cm
　　　　濃いオレンジ色4×4cm
・ミシン糸…濃いベージュ・茶色
・手芸綿

【牛肉巻き】 材料(1個分)
・フェルト…茶色6×20cm
　　　　緑3×3.5cm
　　　　濃いオレンジ色3×4cm
・ミシン糸…茶色・カーキ色
・手芸綿

【ぎょうざ】 材料(1個分)
・フェルト…オフホワイト6×6cm
・ミシン糸…オフホワイト
・手芸綿

【エビフライ】

1 しっぽを作る

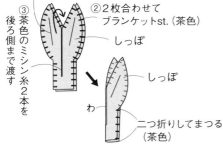

2 本体を作る

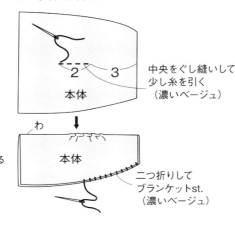

3 本体にしっぽをつける

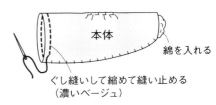
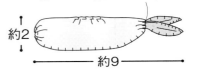

【牛肉巻き】

1 いんげんを作る

2 にんじんを作る

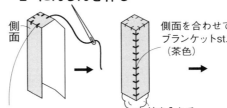

3 肉を作る

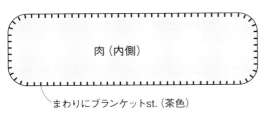
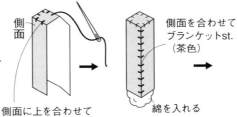

4 いんげん・にんじんを肉で巻く

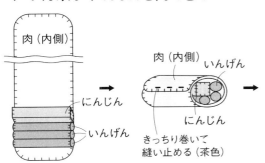
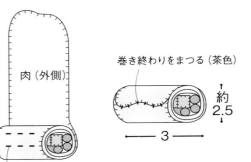

【ぎょうざ】

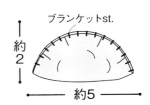

ショートケーキ PHOTO→P.38 型紙→A面

材料(1個分)
・フェルト…オフホワイト13×13cm
　　　　…クリーム色6×13cm
　　　　…淡ピンク1×6cm
・ミシン糸…オフホワイト
・厚紙…8×7cm
・手芸綿

いちご PHOTO→P.38 型紙→A面

材料(1個分)
・フェルト…赤4×7cm
　　　　…緑2.5×2.5cm
・ミシン糸…赤・カーキ色
・25番刺しゅう糸…黄
・手芸綿

ホットケーキ PHOTO→P.39 型紙→A面

材料(1個分)
・フェルト…黄土色8×16cm
　　　　…ベージュ9×18cm
　　　　…クリーム色2×5cm
・ミシン糸…ベージュ・黄
・手芸綿

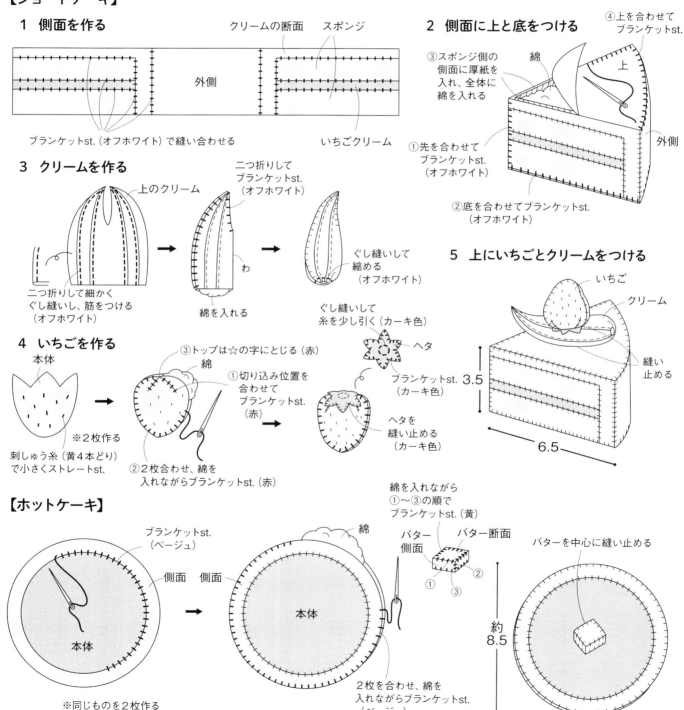

ドーナツセット PHOTO→P.40 型紙→B面

【まるふわリング/プレーン】 材料(1個分)
・フェルト…黄土色18×18cm
・ミシン糸…からし色
・手芸綿

【まるふわリング/チョコ】 材料(1個分)
・フェルト…こげ茶10×10cm
　　　　　…茶色18×18cm
・ミシン糸…こげ茶・茶色
・手芸綿

【まるふわリング/ストロベリー】 材料(1個分)
・フェルト…淡ピンク10×10cm
　　　　　…茶色18×18cm
・ミシン糸…淡ピンク・茶色
・手芸綿

【オールドファッション】 材料(1個分)
・フェルト…うす茶20cm角×1枚
　　　　　…クリーム色20cm角×1枚
・ミシン糸…うす茶・黄
・厚紙…10×20cm
・手芸綿
・接着剤

【まるふわリング】

1 深い切り込み部分を縫い合わせ、下面と合わせて穴部分を縫う

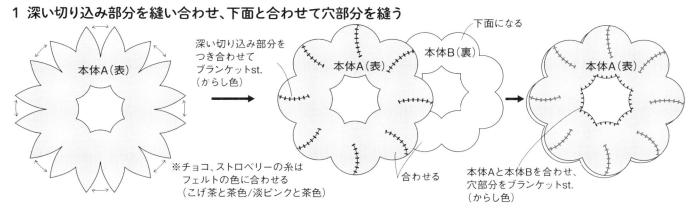

2 外側を縫い合わせる

3 2組を縫い合わせる

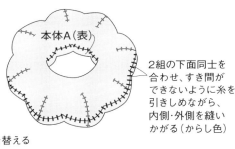

4 糸を通して立体感を出す

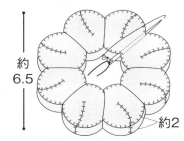

【オールドファッション】 ※まとめ方はP.52参照

各パーツの縫い合わせ方

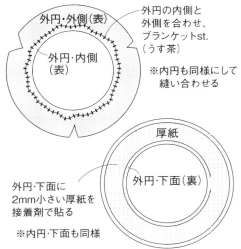

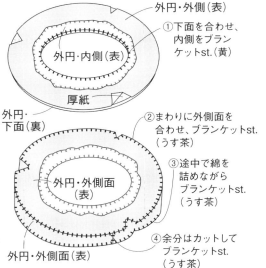

【はちみつリング】　材料(1個分)
・フェルト…黄土色8×16cm
　　　　　クリーム色20cm角×1枚
・ミシン糸…からし色・黄
・色鉛筆(茶色)
・手芸綿

【チュロス】　材料(1個分)
・フェルト…ベージュ 16×16cm
・ミシン糸…ベージュ
・テクノロート…27cm×6本
・手芸綿

【はちみつリング】

1 本体に焼き目をつける

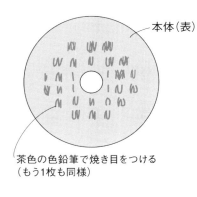

2 内側と外側の側面を作る

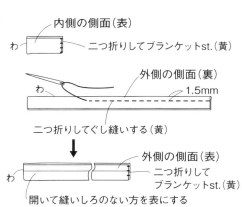

3 本体と側面を縫い合わせる

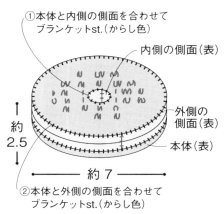

【チュロス】

1 本体を縫い合わせる　※すべてベージュで縫う

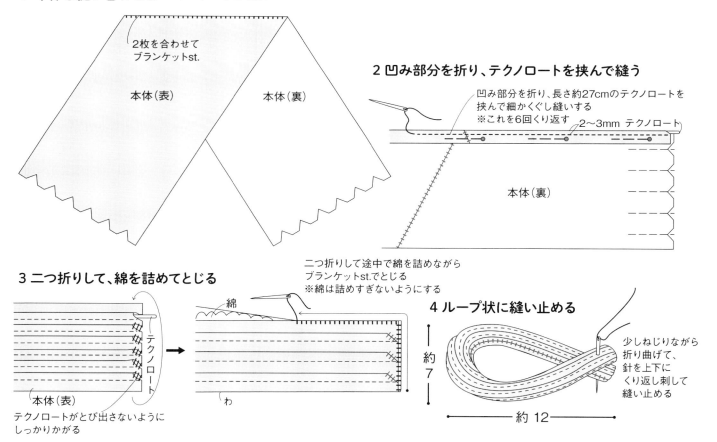

【ツイスタードーナツ/プレーン】 材料(1個分)
・フェルト…クリーム色20cm角×2枚
・ミシン糸…黄
・手芸綿

【ツイスタードーナツ/チョコ】 材料(1個分)
・フェルト…クリーム色20cm角×1枚
　　　　　…こげ茶15×16cm
・ミシン糸…黄・茶色
・手芸綿

1 本体Aを作る(プレーンタイプ)

本体A(表)

①矢印の部分を合わせてブランケットst.(黄)

2 本体AとBを縫い合わせる

②本体AとBを合わせて穴部分をブランケットst.(黄)

③本体Aをブランケットst.(黄)で縫い合わせて輪にする

本体A(表)

合わせる

本体B(裏)

本体B(裏)

本体A(表)

④☆を基準にして、二つ先の本体Bの★と、本体Aの★を合わせ、途中で綿を詰めながらブランケットst.(黄)

※反対巻きでもう1組作る
※綿は詰めすぎないようにする

約3.5

本体B同士を合わせて縫い止める(黄)

約6

(チョコ)
※先にソース部分と生地部分をつなげる

2色合わせてブランケットst.(茶色)

本体A(ソース部分)(表)

※チョコの部分の糸(茶色)

本体A(生地部分)(表)　本体A(ソース部分)(表)

(クリーム色)　(こげ茶)

ドーナツボックス PHOTO→P.40　型紙→B面

材料(1個分)
・フェルト(外側)…淡いベージュ 20cm角×2枚
　　　　　　　…こげ茶 20cm角×2枚
　　　　　　　…濃いオレンジ 16×13cm
　　　　　　　…茶色 6×20cm
　　　　(内側)…淡いベージュ 20cm角×4枚
・ミシン糸…茶色・ベージュ
・厚紙…4×20cm
・牛乳パック…1リットルサイズ×5本分
・飾りモチーフ用の布…1つ分 4×4cm
・接着剤

1 牛乳パックで土台を作る

□…牛乳パックの白い面　■…牛乳パックの印刷している面　━━━ 山折り　┈┈┈ 谷折り

※A・B・Eは牛乳パックの底とそそぎ口をカットして、そのままの長さで使用する

A(外側) フタを二重にする
※フタの型紙を元に切り出す
谷折り
重ねてセロハンテープでとめる
フタ／側面／底　谷折り

E(外側) フタを二重にする
※フタの型紙を元に切り出す
谷折り
重ねてセロハンテープでとめる
フタ／側面　谷折り

B(内側) 側面／底／側面　山折り
21.1 × 19.6
※折り線の外側をカットする

C(サイド) ※牛乳パックのそそぎ口から切り出す
この部分を使用する
谷折り
重ねてセロハンテープでとめる
側面 カッターでスジを入れる／谷折り／のりしろ
※2組作る(片側は穴を反転させる)

D(持ち手)
印刷面を内側にして重ね、セロハンテープでとめる　※2組作る

2 土台を組み立てる

①コの字型にした側面Bの両側にCを合わせてのりしろ部分をセロハンテープでとめる
　側面C／側面B

②側面Eを合わせてセロハンテープでとめる
　側面C／側面E／底B

反対面に返す

③反対側にAを合わせてセロハンテープでとめる
　側面C／側面A／底A

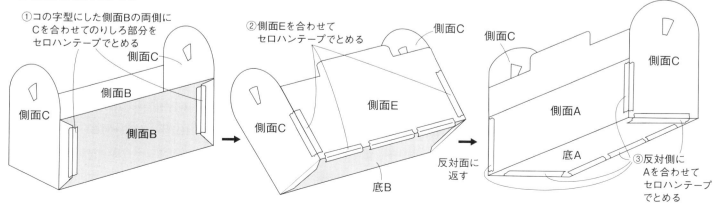

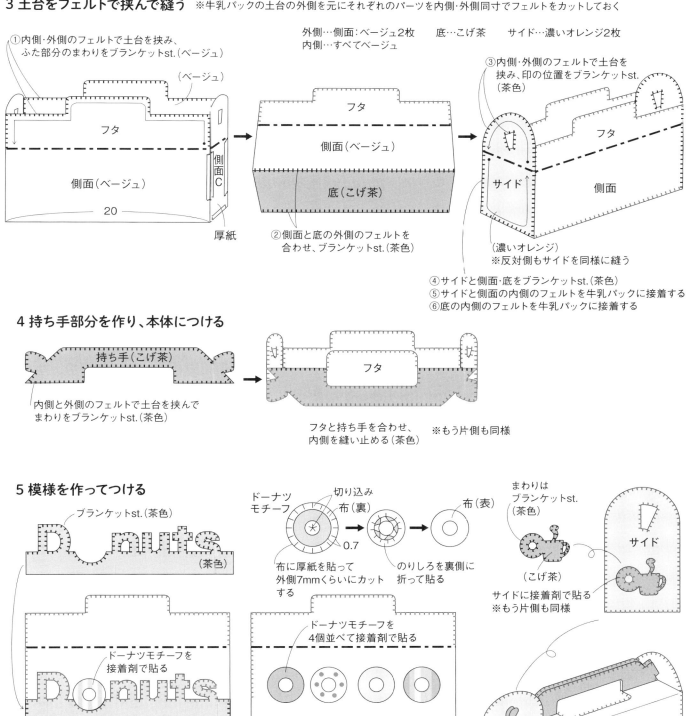

アイスクリーム PHOTO→P.42 型紙→A面

材料(1個分)
- フェルト…各色10×20cm
- ミシン糸…フェルトの色に合わせる
- 25番刺しゅう糸…適宜
- 強力マグネット…各2個
- 接着剤
- 手芸綿

【アイスクリーム】

アイスの種類	フェルトの色
メロン	エメラルドグリーン
チョコミント	ミントグリーン (こげ茶)
チョコバナナ	クリーム色 (こげ茶)
ぶどう	うす紫 (赤紫)
抹茶	黄緑
オレンジ	オレンジ色
ストロベリー	ピンク
チョコレート	茶色
バニラ	オフホワイト
レモン	山吹色

( )内は刺しゅう糸の色
※マグネットの極に注意する

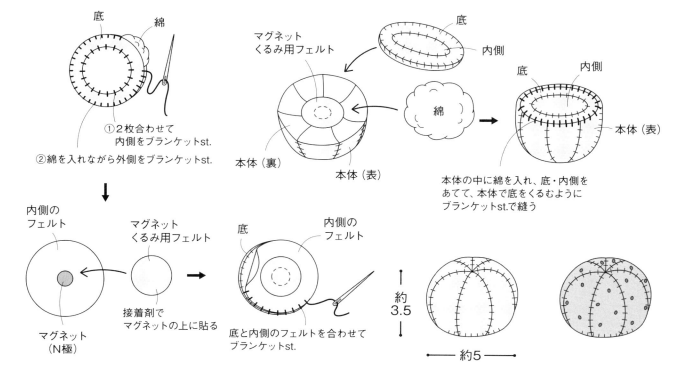

1 本体を作る
2枚合わせてブランケットst.
7枚を縫いつなぐ
トップは☆の字に糸を渡してとじる
マグネット(S極)
本体(裏)
中にマグネットを置きくるみ用フェルトに接着剤をつけて貼る
マグネットくるみ用フェルト

※チョコミント・チョコバナナ・ぶどうは刺しゅう糸(色は適宜8本どり)で全体に小さくストレートst.をする

2 底を作る
①2枚合わせて内側をブランケットst.
②綿を入れながら外側をブランケットst.
内側のフェルト
マグネット(N極)
マグネットくるみ用フェルト
接着剤でマグネットの上に貼る
底と内側のフェルトを合わせてブランケットst.

3 本体と底を縫い合わせる
本体の中に綿を入れ、底・内側をあてて、本体で底をくるむようにブランケットst.で縫う

約3.5
約5

ワッフルコーン　PHOTO→P.40　型紙→A面

材料(1個分)
- フェルト…ベージュ 20cm角×2枚
- ミシン糸…濃いベージュ
- 強力マグネット…1個
- 接着剤
- 手芸綿

【ワッフルコーン】

1 外側を作る　P.49参照

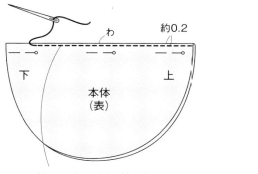

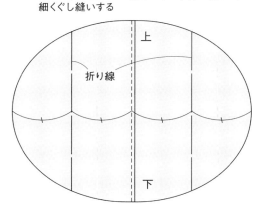

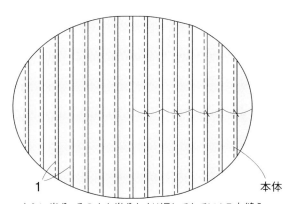

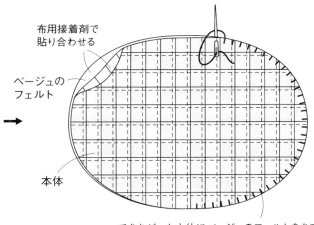

2 土台を作る

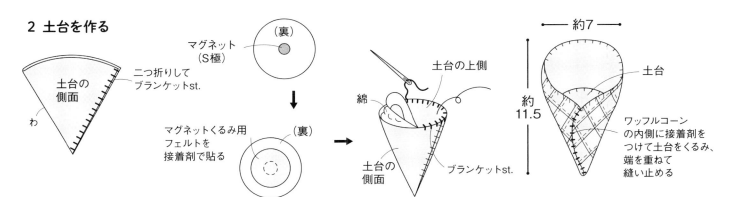

Profile
前田智美

長女の出産をきっかけにフェルト手芸に出会い、
作品づくりを始める。
シートフェルトをブランケットステッチで
縫い合わせて作る、シンプルで風合いのある作風が
特徴。丸みのあるかわいらしい形にできあがる、
工夫されたパターンにも定評がある。

【HP】http://tomomi-maeda.com/

STAFF

ブックデザイン… 堀江京子（netz.inc）
撮影… 大島明子　白井由香里
　　　渡辺華奈（プロセス）
スタイリング… 植松久美子
作り方解説… 吉田晶子
トレース… 小崎珠美　大野フミエ　加山明子
編集… 浦崎朋子

増補改訂版
かわいい野菜とフルーツがいっぱい

発行日　2019年1月11日　第1刷
　　　　2022年3月24日　第6刷
著者　前田智美
発行人　瀬戸信昭
編集人　今 ひろ子
発行所　株式会社日本ヴォーグ社
〒164-8705
東京都中野区弥生町5-6-11
TEL 03-3383-0635（編集）
出版受注センター　TEL 03-3383-0650　FAX 03-3383-0680
印刷所　大日本印刷株式会社

Printed in Japan　ⓒ Tomomi Maeda 2019
NV70520　ISBN 978-4-529-05862-9

We are grateful.
あなたに感謝しております

手づくり大好きなあなたが、
この本をお選びくださいましてありがとうございます。
内容はいかがでしたか？　本書が少しでもお役に立てれば、
こんなにうれしいことはございません。
日本ヴォーグ社では、手づくりを愛する方とのおつき合いを大切にし、
ご要望におこたえする商品、サービスの実現を常に目標としています。
小社及び出版物について、何かお気付きの点やご意見が
ございましたら、何なりとお申し出ください。
そういうあなたに、私共は常に感謝しております。

株式会社日本ヴォーグ社社長　瀬戸信昭
FAX 03-3383-0602

●本書の複写にかかる複製、上映、譲渡、公衆送信（送信可能化を含む）は
　株式会社日本ヴォーグ社が管理の委託を受けています。
　JCOPY《（社）出版者著作権管理機構 委託出版物》
　本書の無断複写は著作権法上での例外を除き禁じられています。
　複写される場合は、そのつど、事前に、（社）出版者著作権管理機構
　（電話03-5244-5088、FAX03-5244-5089、e-mail info@jcopy.or.jp）の
　許諾を得てください。
＊万一、乱丁本、落丁本がありましたら、お取替えいたします。
＊印刷物のため実際の色とは、色調が若干異なる場合があります。

日本ヴォーグ社関連情報はこちら
（出版、通信販売、通信講座、スクール・レッスン）

https://www.tezukuritown.com/　［手づくりタウン　検索］